リベラ・シリーズ
12

人工知能の社会学

――AIの時代に人間らしさを考える――

佐藤　裕　著

ハーベスト社

人工知能の社会学＊目次

第3部　命令・行為の言語ゲーム

第4部　AIと言語ゲーム

はじめに

現在は第三次人工知能ブームと呼ばれており、人工知能（AI）に関する話題がメディアを賑わせている。囲碁や将棋などのボードゲームにおいてAIが人間のトッププロプレイヤーに勝利したことや、大学入試にAIが挑戦して受験生の平均以上の得点をあげたことなどは[1]、確かにAIの能力が人間に迫り、あるいはある部分に関してはすでに追い越していることをうかがわせる。またAIの技術は、例えばsiriやgoogleアシスタントのような対話アプリケーションやWeb上での自動翻訳など、身近なところでも利用されている。さらに近い将来には、自動車の自動運転が（どの程度までかはまだ分からないが）実現されるだろう。このように、AIは私たちの社会生活にすでに大きな影響を持ちつつあるし、今後の技術の進歩の速度によってはそう遠くない未来にAIが「人間を超える」存在になり、私たちの社会は根本的な変革を遂げることになると考える人もいる。[2]

しかし一方では、このような状況に警鐘を鳴らす人々もいる。発達しすぎたAIが人間にとって脅威となるといった予想も恐ろしいが、より現実的でしかもすでに一部現実として現れているリスクとして、AIが人間の雇用を奪うという主張がある。

例えばAI研究者のマイケル・オズボーンが、これまで人間にしかできないと考えられていた多くの職業がＡＩ（ロボット）に奪われてしまうという予想を発表して話題になったし[3]、日本においても野村総研が、日本の労働人口の約半分がＡＩなどで代替可能になるという研究結果を発表した[4]。誰しも、自分の仕事がもしかしたらＡＩに取って代わられるのではないかと考えると心穏やかではいられないし、仮に自分の仕事にその可能性がなさそうであっても、（もしその通りになれば）社会的な影響は計り知れず、誰もが無関心ではいられないだろう。

本書は、このような問題に社会学という立場から考えようとしたものだ。

社会学でＡＩに関する問題を考えるというと、ＡＩが普及することによって社会がどのように変化するのか、といったことを扱うように思われるかもしれないが、実はそうではない。もちろん、そのようなことも全く無関係とはいえないが、本書が解明しようとしているのはもう少し根本的な問題だ。まずこの点について説明しておきたい。

本書が最終的に答えようとするのは、以下のような問題だ。

ＡＩは人間とどう違うのか。

ＡＩが人間にどこまで近づけるのか。

ＡＩが人間に近づくことによって何が起こるのか。

ＡＩの活用が広がる社会において人間はどのようにして生き残れるのか。

しかし、これらの問いの大部分（二番目以降）について実際に答えを提示するのは、本書の第４部においてであり、それまでは答えを出すための準備に充てられている。

なぜ本書の大半が答えを出すための準備に充てられているのかというと、それは、最初の問い（AIは人間とどう違うのか）が非常に根本的な問いであり、簡単に片付けて先に進むということができないからである。

AIと社会との関りについて考えようとするなら、そもそもAIと人間はどの程度同じになることができ、どこが根本的に違うのか、といったことを理解する必要がある。そのためには、AIには何ができるかだけではなく、私たち人間には何ができるのかを知らなくてはならない。

我々は人間なのだから（少なくともこれを書いている時点ではこの本を読んで理解するAIは実現していないだろうから）、「人間にできること」は知っているはずではないか。そのような疑問ももっともだ。確かに、文章を書くことができるとか、自動車を運転できるとか、クレームを理解して適切に対処することができるとか、できることを列挙するのは簡単なのだが、それらがAIにもできるようになってきたら、それでもまだ人間の書く文章とAIの書く文章は違うとか、人間の方が上手に車を運転できるとか言えるだろうか。人間にはできてAIにはできないことがもしあるとするなら、それはどのようなことなのだろうか。

現在はAIが人間に迫りつつある時代だとするなら、より一層、私たちは「人間のいとなみ」について深く知るべきなのではないか。これが本書の出発点である。

AIの時代は、私たちが私たち自身について考えるための、チャンスを提供していると考えることもできる。つまり、人間とAIはどこが同じでどこが違うのかを考えることによって、私たち自身をより深く知ることができるかもしれないのだ。

人間のいとなみについて考えるといっても漠然としていて、イメージが湧かないと思うので、最初に一つ、考えるヒントになりそうな事例を提示しておこう。

冒頭でも触れた大学受験に挑戦するロボットのプロジェクトリーダーを勤めた新井紀子は、そのプロジェクトが一定の成果を上げた後、人間の受験生の過半数がＡＩ以下の得点しか上げられていないことを問題視して中高生を対象とした文章読解力のテストを実施した。この問題意識は、ＡＩの時代だからこそ人間のあり方が問われるという本書の出発点と近いと思う。新井の実施したテストは、教科書程度の文章の内容が理解できるかどうかを問うものだが、その結果は相当深刻なものだと評価している。新井が自らの著書で紹介している問題の一つは、以下のようなものだ[5]。

次の文を読みなさい

アミラーゼという酵素はグルコースがつながってできたデンプンを分解するが、同じグルコースからできていても、形が違うセルロースは分解できない。

この文脈において、以下の文中の空欄にあてはまる最も適当なものを選択肢のうちから一つ選びなさい。

セルロースは（　　　）と形が違う。

①デンプン　②アミラーゼ　③グルコース　④酵素

この問題は、難易度がとても高く、「某新聞社の論説委員から経産省の官僚まで」間違えるので驚いたと新井は書いている。私は前もって難しい問題なのだと構えさせられているのでなんとか間違えずに済んだが、時間の限られた中であまり慎重にならずに答えたらどうなったか分からない。正解は①のデンプンである。

この問題は、主語と述語の関係や修飾語と被修飾語の関係を特定する「係り受け解析」という技術あるいは能力を判定するものだ。係り受け解析は自然言語処理の中では比較的AIの正解率が高いという。この問題についてはAIが正解できたかどうかは書かれていないが、AIに「理解」できるようなタイプの文章読解の問題でも人間の正答率が低い場合がある、ということだと受け止めて良いだろう。

この問題が文章読解力を測定する上でどれほど妥当なものかという論点については、ここでは議論しない。私としては、この点についての著者の主張は概ね正当だと考えている。

私がこの問題を引き合いに出したのは、これをおそらく新井氏が想定していなかったと思われる角度から問題にしたいからだ。それは、この問題に正答できなかった人のうちの何割かは、単に「間違えた」だけなのではないか、というものだ。

ここで言う「間違えた」というのは、「分からなかった」ということと区別する意味で用いている表現である。正答できなかった高校生の多くはおそらく、正解を教えられるともう一度文章を読み直して、「よく考えるとその通りだ」と納得するだろう。この問題を間違えたという専門職の方ももちろんそうだろうし、中学生も高校生よりは少ないかもしれないが、「自分の間違い」にあとから気づく人はいるだろう。そのような人は、自分は「間違えた」のであって「分からなかった」のではない、と主張するかもしれない。

私たちは、「間違える」ことと「分からない」ことを区別することができる。例えば中学生以上になれば、いくら桁数が多くても自然数の足し算や掛け算が「分からない」ことはほとんどないだろうが、「間違える」ことは十分あり得ることだ。

それでは、AIはどうだろうか。AIは、本当は分かっていたのだけど「たまたま」間違えた、ということがあり得るだろうか。

確かに、AIも「間違う」こと自体はあるだろう。機械翻訳をさせると、まあ「間違い」といって差し支えないような訳語を出力することはある。しかしそれは「たまたま」ではなく、AIに新しい情報を与えない限り、何度繰り返しても同じ訳語を出力するはずだ。AIが「たまたま」間違うとか「うっかり」間違うといったことは（少なくとも今のところは）あり得ない。

新井氏は「間違う」ことと「分からない」ことの区別をそれほど重視しないかもしれない。ケアレスミスでも本当に分からなかった場合でも誤答は誤答だし、自ら導き出した答えでも鉛筆を転がした結果でも、正答は正答である。そしてその集積が受験の結果としてその人の将来を左右してしまうのだから。

しかし私は、そうした結果のもつ社会的影響ではなく、人間の「うっかり間違う」という性質が、AIとの違いを考える上で重要な論点になるのではないかと考えているのだ。「間違う」というのはもちろんネガティブな性質であり、ないに越したことはない。しかし、人間は「間違う」という性質と引き換えに何か重要な能力を得ているのではないだろうか。AIが「間違わない」ものである限り、そのような能力は手に入れることができないのではないだろうか。

この問いかけに答えるためには、非常に基本的なことから順を追って説明していかなくてはならない。基本的なこと、すなわち人間とAIの違いを説明する要素として本書が注目するのは、新井氏も含めた多くの研究者と同様に、自然言語である。

コンピュータとの対比において人間というシステムを研究するには、ざっくり言ってハードウェア的アプローチとソフトウェア的アプローチの二種類があるだろう。ハードウェアアプローチとは脳の構造や機能の研究であり、これは日々進歩しているようだ。ディープラーニングというAI技術も脳の神経細胞のネットワーク構造をヒントに考案されたという。しかし、ハードウェアが解明できるだけで人間というシステムが理解できるわけではないだろう。コンピュータの仕組みを理解するためにはソフトウェアの知識が不可欠であるように、人間を理解するためにも人間にとってのソフトウェアがどのようなものであるのかを知る必要がある。人間にとってのソフトウェア、それは自然言語にほかならないと私は考えている。

人間とＡＩを比較するにあたって、自然言語とコンピュータのプログラム言語が何らかの共通する性質を持つと想定することは、それほど突飛なことではないだろう。しかし、私の知る限り、プログラム言語が自然言語と同様の性質（例えば「表象」）を持つという考え方は見られても、自然言語が（何らかの意味で）プログラム言語のようなものであるという考え方はほとんどないように思う。本書が採用するのは後者の考え方であり、自然言語は人間という「システム」を制御するプログラム言語（のようなもの）だと捉える。プログラム言語によって記述される「プログラム」に制御されるＡＩ（コンピュータ）と、自然言語によって「制御」される人間というシステムの対比、それが本書のモチーフの一つである。

人間が自然言語によって「制御」されるといっても、制御するのは通常自分自身であるので、人間が書くプログラムによって制御されるＡＩとは比較にならないだろうと考える人がいるかもしれない。しかし、もしＡＩが人間に近いものになるとするなら、いずれＡＩ自身がプログラムを書くようになるとＡＩ研究者は予想しているようなので、その点はさしたる違いではないと私は考える。重要なのは言語としての性質そのものなのだ。

では、本書でとりあげる自然言語の性質（特に「制御」と関わる）とは何か。これを明らかにするために、本書が採用する二つのキーワードが、「言語ゲーム」と「志向性」である。言語ゲームはウィトゲンシュタインという哲学者が提唱した言葉であり、志向性は現象学や心の哲学で使われる言葉であるが、本書ではこれらを、そのような文脈とはやや異なる意味で用いる。本書において「言語ゲーム」とは、人間のいとなみ全般を指し示すとともに、それはすなわちAIが人間に近づこうとする際に達成できなくてはならない課題でもある。そのため、本書は「言語ゲーム」という言葉に導かれる形で構成されている。

本書の大まかな構成は以下の通りである。

まず第1部では、本書の基本概念である「言語ゲーム」と「志向性」について説明する（第1章）。そして、言語ゲームは二種類の基本的な系列に分類されることを明らかにする（第2章）。これはAIと人間を比較するためには非常に有効であり、本書の構成の骨組みは、この分類に基づいて作られている。

第2部と第3部では、第2章で説明した二種類の言語ゲームのそれぞれについて、AIと人間の双方に共通する点、そして異なる点を明らかにする。本書では、言語ゲーム（AIの動作と人間のいとなみ）というレベルで両者を比較していくため、おそらく多くの読者は共通点の多さに驚くのではないかと思う。

しかし、それでもなお、AIは二種類の言語ゲームの運用にあたって、解決困難な問題があることを、第2部および第3部の最後で示す。そしてそれが、両者のいずれにおいても、社会性に関わる問題なのだ。

第4部では、それまでの議論を受けて、AIがどこまで人間に近づけるのか、人間に近づくことによって何が起こるのかを検討する。そして、最後には、AIの活用が拡大する社会において、人間はどのようにして生き残っていけるのかを考えてみたい。

なお、本書では、「AI」（人工知能）という言葉について、独自の定義を与えようと考えている、そのことについて最初にひとこと説明しておきたい。

AIが人間と同等もしくは非常に近いかそれ以上になるとするなら、それは汎用AIとか強いAIなどと言われるものになる。しかし現時点でそれらは実現していないし、実現の技術的なめども立っていない。本書で事例として提示するのは、パソコンやスマホ、スパコンなどの大型コンピュータシステム、車の自動運転を制御するコンピュータ、産業用、あるいはそれ以外の用途にも使われつつあるロボット(を制御するコンピュータ)などであり、それらは、汎用AIなどの意味でのAIではない。これらのコンピュータは、その規模や複雑さは様々であるが、人間との対比においては基本的に同じものだと考えて良いと思う。つまり、ベースとしてはまず機械対人間という対比を想定する。

この対比において、AIは当然機械の側にあると考えるのが普通だろうが、実は、これから本書で明らかにしていくように、最新のAI関連技術が用いられているシステムについては、上記の対比において人間の側に近い要素が現れてきていると私は考えている。近年のAIの急速な進歩は、あるブレイクスルーを成し遂げ、ある意味では(これまでと比較すれば)劇的に人間に近づいたとさえ言えるかもしれないと私は考えているのだ。

そのため、そのような最新技術を取り入れたコンピュータシステムのみを、本書ではAIと呼び、それ以外は、コンピュータやロボットと表記したいと考えている。

ただし、最新技術がどのような変化をもたらしたのかを説明するまではそのような区別ができないので、AIという言葉をコンピュータやロボット一般とあまり区別せずに使わざるをえないことはご容赦願いたい。

第1部　志向性と言語ゲーム

第Ⅰ部では、本書の基本概念である「言語ゲーム」と「志向性」について説明する。

まず第Ⅰ章でこの二つのキーワードについて説明した上で、このうち「言語ゲーム」については、それが二種類の系列に分類されることを第2章で明らかにする。

また本書の二つのキーワードはどちらもオリジナルものとは違いがあるので、その異同について、二つの補論で解説する。「言語ゲーム」については補論Ⅰで、「志向性」について補論2で扱うが、これらについては哲学に関心のない方は読まずに進んでいただいても差し支えないと思う。

第1章　志向的ないとなみとしての言語ゲーム

第1章では、本書の理論的なバックグラウンドを構成する二つのキーワード、志向性と言語ゲームについて説明する。最初に、私たちのいとなみが「志向的」である、ということから志向性という概念の導入を行い、ついで志向性と言語との関わりから言語ゲームという概念のイメージをつくっていきたい。

〈足し算の意味〉

本書はＡＩと人間との対比がモチーフなので、まず両方が確実にできること、算術計算を取り上げたい。とりあえず自然数どうしの単純な足し算から始めてみよう。

コンピュータも人間も、自然数の足し算は難なくやってのける。そして、当たり前だが、両者の計算結果は完全に一致するはずだ。ということは、両者は同じ規則、同じ方法で足し算をしているのだろうか。

人間はほとんどの場合十進法で考え（桁上りなど）、コンピュータは二進法で計算するという違いはあるが、少ない桁数は記憶（コンピュータの場合はハードウェアとして持っている計算規則）を使い、桁数が多くなるとそれらを組み合わせ、桁上りなどの処理をして答えを出すという点は同じだ。人間の場合は紙と鉛筆や専用の道具

（そろばんなど）をいわば一時記憶領域として利用することもあるが、これもコンピュータが特定のメモリ領域を一時記憶として利用することを考えるとそれほど変わらない。

それでは、計算といういとなみに関しては、コンピュータも人間も変わらないのだろうか。実は、「足し算」という言葉を起点に考えると、重要な違いがあるのだ。そのことを説明するために、哲学者クリプキが考案した「クワス算」という奇妙な計算を例にして考えてみたい。[6]

ある人（A氏としよう）が、自然数の足し算をしている。A氏は一桁の足し算は問題なくできるし、足す数と足される数がともに56以下であればきちんと（普通の）足し算ができる。しかし、68＋57を計算させると、A氏はなんと5という答えを出すのだ。それは間違いだ、ちゃんと足し算をしろと言っても、A氏は自分はちゃんと足し算をしていると言い張ってきかない。色々と計算させてみると、A氏は足す数と足される数のいずれかが57以上であれば、常に5という答えを出すことが分かった。この奇妙な計算のことをクリプキは（通常の足し算と区別するために）「クワス算」と命名している。ここで注意してほしいことは、A氏は自分の計算を「クワス算」と考えているわけではない、ということだ。A氏は自分はちゃんと「足し算」をしていると思いこんでいる。つまり、「足し算」という言葉の理解に違いがあり、私たちはそれを普通の足し算だと思っているが、A氏はクワス算を足し算と思い込んでいるというわけだ。「クワス算」という言葉は私たちがこの異常な事態を理解するために仮に用いている言葉だと考えていただきたい。

クワス算という突飛な計算を考案することによって、クリプキは何を言いたかったのだろうか。ざっくり言ってしまうと、今まで同じ結果になったからといって同じ規則に従っているとはいえない、ということだ。

57以下では普通の足し算とクワス座の結果は全く同じであり、どのような計算をしているのか区別はつかないが、実は「違う計算」をしていたのだ。クワス算はたかだか57程度の小さな数で違いが明らかになってしまうが、例えばきわめて大きな桁数の特定の数だけ例外処理をする計算規則だって理論的には否定できない。その場合はたまたま例外となる数値が計算されるまで違いは判明しないということになる。このような計算規則はあまりにも変な規則なので、そんなことする人はいないと言われれば全くその通りだと思うが、計算ではなく規則一般に広げて考えてみれば、そんなにおかしなことではない。

例えば、日本語の敬語という規則を考えてみよう。家族や親戚という人間関係の中でだけ生活してきた人がいれば、その人は敬語を「年齢の上下関係によって言葉を使い分ける規則」だと理解しているかも知れない。おそらく、それでも実際の敬語使用に関してはほとんど矛盾は出ないだろうから、その人は一般的な敬語規則に従っていると見なされても不思議はない。しかし、その人が初めて職業的な上下関係が存在する組織に入ったとき、自分より年下の上司に対して尊大な話し方をすれば、通常の敬語規則には従っていないことになるだろうし、それまでも敬語規則を誤解していたことが判明する。つまり、ある時までは同じ規則に従っていたと思っていた人々が、新しい事態に直面した時に解釈が違うことが判明し、実はそれまでも違った規則を適用していたということが分かる、ということだ。これは実際に起り得ることだろう。

では、クワス算の事例は（規則一般に拡張すればあり得ることだとして）、私たちに何を教えているのだろうか。それは、私なりにまとめるなら、「言葉（記号）の限界」を示しているのだと思う。「足し算」という言葉は（56以下の数の場合は）クワス算と区別がつかない。例えば「57以上であっても足し算をする」という注釈は無意味だ。

「足し算」という言葉自体が誤解されているのだから、これではクワス算を排除できない。数式を示せば良いと考えるかもしれないが、「＋」という記号自体がクワス算を示すと受け止められれば効果がない。クリプキが周到な議論をしているが、どう頑張っても実際の計算をする前に違いを明らかにはできないのだ。つまり、言葉は規則を全く誤解の余地がないほど厳密に定義することはできない、ということだ。

さて、ここまでは基本的にクリプキの議論に沿った考察であるが、ここから、本書独自の視角でこの問題を考えてみたい。それは、ＡＩでも同じ問題が生じるのか、という問いである。人間の場合は、足し算をクワス算だと「勘違い」してしまう可能性を（理論的には）排除できないということだったが、それはＡＩでも同じだろうか。

コンピュータに足し算をさせていくと、足す数と足される数がともに56以下の場合はちゃんと計算していたのに、どちらかが５７以上になったとたんに、５という答えを出すようになる。そんなことはあり得るだろうか。もちろんそんなコンピュータは現実には存在しないわけだが、それは人間の場合も同じであって（実際にクワス算をする人はいない）、ここで問うているのは、理論的にもあり得ないのかどうか、ということだ。

私の答えは、コンピュータの場合はクワス算をしてしまう可能性はない、というものだ。なぜなら、コンピュータは「足し算」（あるいは「＋」などの記号）の意味を理解しているわけではないからだ。コンピュータ（少なくとも現在存在しているものの場合）は、１＋２のような数式の「意味」を人間のように理解するのではなく、ただ単にその記号に見合った計算手順を実行しているだけだ。そのため、「誤解」が生じる余地はない。しかし人間は言葉の意味を理解して計算手順を考えるため、クワス算の可能性を排除できないのだ。これは少し難しいと思うので、もう少し詳しく説明したい。

例えばエクセルのような表計算ソフトで、あるセルに「=1+2」や「=23838+3985」といった計算式を書き込むと、たちどころに計算して、「3」「27823」という答えを表示してくれる。これは「+」という記号が式の中にあらわれた時にどのように処理をするのかという手順があらかじめ定められているからだ。そしてその手順はコンピュータのメモリの中に書き込まれており、それを調べれば事前にどのような答えを出すのかは完全に予測できる。しかし人間の場合はどうだろうか。前者は計算というより1と2を加えると3になるという記憶を使って答えを出すだろうが、後者をどうするのかは人によって違うだろう。筆算で答えを出す人も電卓を使う人もいるだろうし、これくらいなら暗算でできてしまうという人もいるかもしれない。つまり、「手順」はあらかじめ定まっているわけではないのだ。人間はまず記号の意味を理解し、そのうえで適切な手順を選択したり、自分で手順を考案したりできる。これはコンピュータの記号の扱い方とは全く異なっている。

人間が「記号の意味を理解する」というのはどういうことなのか。どのように理解しているのかを示すにはどうすればよいのか。「記号の意味」を示すには別の記号を使うしかない。だからどんなに厳密に定義しようと思っても、誤解の余地を完全になくすことはできないのだ。

クリプキの議論は、「記号の意味を理解する」という部分の不安定性を指摘したものだと受け止めることができるが、実は私は、コンピュータと対比させることによって、全く逆の評価もできるのではないかと考えている。

もし、コンピュータに「＋」はクワス算のことだと教えようとするなら、それは簡単にできてしまう。プログラムの中の「＋」の記号の処理に関する部分を単に書き換えるだけで良いからだ。もちろん、それに対してコンピュータが疑問を感じることはない。「この計算方法は変だ。何か間違っているのではないか」と疑問を表明するコンピュータは今のところ実現していないのだ。

しかし、人間ではどうだろうか。本書を読んでいるおそらくすべての読者が、クワス算は変だと思ったはずだ。それは「足し算」という言葉の「意味」にそぐわないと思うからだろう。つまり、ある意味では人間の方がコンピュータよりも、クワス算のような変な規則に対してより強い抵抗力があるとは言えないだろうか。

人間は言葉の意味を理解するがゆえに「クワス算」の可能性を排除できないと同時に、言葉の意味を理解するがゆえに「クワス算」はあり得ない。この表現には、言語について理解すべきことが凝縮されているのではないかと思う。

ここまでの議論で、問題の核心は明確になってきたのではないかと思う。つまり、言語（記号）の「意味の理解」が、コンピュータと人間の違いとして重要な点だということだ。

ただ、それだけが結論なら、そんなことは議論する前から分かっていると言われかねない。ここから先に進むには、「意味の理解」とはどういうことなのかを明らかにしなくてはならないはずだ。

では、足し算という言葉の意味はなんだろうか。全ての読者は足し算の意味を理解しているはずだが、それを言葉で説明できるだろうか。あるいは、正確な「定義」をこれまで教えられたことがあるだろうか。

正の実数なら、例えば「二つの数や量からそれを合わせた時の数や量を求めるのが足し算」、といった感じでイメージできるだろう。おそらくこれが多くの人にとっての「足し算」の原初的なイメージだと思われる。しかしこれでは負の数をどうするのかが自明ではない。負の数を「合わせる」というのが具体的なイメージにならないからだ。さらに、複素数の加法やベクトル、行列の加法になるともはや「合わせる」という言葉では説明がつかないだろう。しかし、それらにおける加法を教わったことがある人は、それが何らかの意味で正の実数の加法と共通点を持つと感じたから納得をしたのだと思う。行列の加法は、すべての成分をそれぞれ足し合わせると言われればそういうものかと納得できても、クワス算のような変なものだと教えられれば決して納得はできなかっただろう。

通常、言葉の「意味」といえば、その言葉が「表している」(表象している) 対象のことだと理解される場合が多いだろう。しかし、「足し算」という言葉が「表している」対象は明確ではなく、曖昧だ。ただ単に境界が曖昧で輪郭がぼやけているという意味での曖昧さではない。数学において、この計算は足し算 (加法) と言えるかどうかが曖昧だ、という事態は存在しないだろうから、数学の世界においては「足し算」は何であって何でないかは明確だ。にも関わらず、足し算とは何かという根本のところで、直感的に理解できてなおかつ包括的な答えは得られない。

数学者の見解はおそらく違うのだろうが、少なくとも数学者でない多くの人にとっての「足し算」という言葉の意味とは、まず「合わせた数や量」といった直感的に理解された意味があり、その合理的な「延長として」行列や複素数の「足し算」の意味を把握する、というのが実情だろう。つまり言葉の意味とは、その言葉が直接表している対象だけでなく、その「合理的な延長」も含んでいる、あるいは含みうる、のだ。

「含みうる」という表現をあえて付け加えたのは、今現在は「足し算」の意味に含まれていなくても、将来的にそれが拡張されて新たな「足し算」が生みだされる可能性が常にあるからだ。

例えば「ａ」という文字と「１」という数の足し算の答えはどうなるだろうか。数学ならばそんな計算はできないが、コンピュータプログラムの世界ではこのような計算もあり得る。コンピュータはすべてのデータを数値に置き換えて処理しているので、「ａ」という文字にも数値が割り当てられている（アスキーコードなら小文字のａは十六進法で61、十進法に直すと97）。そのためこれに１を加えてその数値が表す「ｂ」という文字が答えになり得る。つまり「ａ＋１」は「ｂ」である。また、「ａ」も「１」もともに文字（文字列）だと解釈すれば、「＋」を文字列の連結だと見なして「ａｂ」という文字列が答えだという考え方もあり得る（実際にそのように処理するプログラム言語がある）。文字列の連結は「合わせる」というイメージに合致しているので、受け入れられやすいだろう。他にも様々な足し算がこれから考案され、使われるようになるかもしれない。そしてそれらを私たちは何らかの意味で足し算なのだと納得するのだ。

これはいわば記号の「流用」であって、言葉の意味についての厳密な考察とは無関係だと考える人もいるかもしれない。だがそうだろうか。数学でも自然科学でも、言葉の厳密な定義は、理論の進展に応じて拡張され、書き換えられてきたはずだ。直感的に理解できる素朴な意味から、より一般化された抽象的な意味へと拡張されてきた言葉はいくらでもあるだろう。足し算（加法）ももちろんそのうちの一つだ。

私はこれを「言葉の意味の変化」と受け止めるべきではないと考えている。言葉の意味とは、はじめから拡張の可能性を持っているのだ。そして、その点こそ、人間とＡＩの違いなのだと私は考えている。言葉が指し示す対象が変化することなく、厳密に記述可能であるなら、それをＡＩに覚え込ませることは十分に可能なはずだ。しかし、拡張の可能性も含めて理解させることは今のところできない。コンピュータが言葉の意味を理解できない、というのはそういうことなのだ。

では、人間はなぜ、将来的な拡張も含めて言葉の意味を理解できるのだろうか。この問いに答えるために、別の事例を題材にして認識を深めたい。足し算にはまたあとで戻ってこようと思う。

〈言葉と行為〉

次に考えるのは、言葉と行為との関係である。これもやはり人間とＡＩを対比させながら、考えていきたいと思う。取り上げるのは「歩く」という行為（動作）である。動作についてなのでＡＩの場合はロボットということになる。計算の場合は、桁数を増やしたり数を拡張していったりして考えてみたが、行為の場合もいろいろな「歩く」を想定してみよう。

平らな道ではなく、ちょっとした凹凸や段差があったりした時に、人間はそしてロボットはどうするだろうか。標準的な運動能力を持った人間ならもちろんなんの問題もない。路面の状況に応じてうまく歩いてみせるだろう。ロボットの場合も、近年は非常に優秀な運動能力を持ったものが現れており、多少の悪路や障害物などものともしないで歩くロボットも存在するようだ。それではちょっと意地悪をして、突き飛ばして転ばせてみたらどうだろうか。驚くべきことに、そういう状況にも対応して、自分で起き上がって歩き続けるようなロボットも存在するらしい。では、細い道で前からくる人間と鉢合わせしてしまった状況ではどうするだろうか。人間ならば相手と相談した上で、互いに横向きになりながらうまくすれ違うことができるだろう。そんなことまでできるロボットは流石にまだないとは思うが、その気になれば作れてしまうだろう。おそらく、歩くことのような単純な動作に関する限りは、ロボットはかなり人間に近づくことが可能だろう。

ただ、仮に可能だとしても、そうなるまでのプロセスが人間とは全く異なる。ロボットの場合、「歩く」ことを手順として定義しているので、様々な歩き方をすべて人間が教えなくてはならない（プログラムしなくてはならない）。しかし人間は、「歩く」ということの意味さえ理解できれば、様々な歩き方を自分で編み出していくことが可能だ。実際私たちは、路面に応じた歩き方やちょっとした段差の乗り越え方を具体的に教わったことはなく、なんとなくできるようになったはずだ。つまり人間は自ら学習する。これはロボットと人間の重要な違いではないだろうか。

実は、この点に関してはもう少し慎重に考える必要がある。というのは、ＡＩにも学習という概念があるからだ。ＡＩの学習（機械学習）といってもいくつかの種類があるが、この場合比較対象になるのは強化学習だろう。

ＡＩ（ロボット）が何らかの行動をすると、その結果が評価され、ＡＩにフィードバックされる（これを報酬というそうだ）。そして、ＡＩはその報酬を頼りに、試行錯誤を繰り返しながらより適切な手順を人間の手助けなく獲得していくという。得点というフィードバックだけを頼りに、単純なビデオゲームの操作を習得するＡＩが発表されたり、囲碁をプレイするＡＩでも（少し複雑な仕組みのようだが）強化学習が取り入れられたりしている。

ロボットが歩くという動作を獲得する場合も、強化学習を取り入れることは原理的に可能だし、すでに行われているのかもしれない。ロボットの体の各部の位置や加速度を常に監視し、それを一定の値に近づけるような仕組みができれば、より安定した歩き方を自ら学ぶようなＡＩは十分に実現可能だろう。さらに進めば、転んだときに起き上がる方法まで自ら見つけだしてしまうかもしれない。もちろん、進行方向や自らの位置についての情報が得られれば、障害物の回避なども、強化学習で十分に対応可能だろう。

ここまでの能力を持ったロボットは、人間にどの程度近づいたのだろうか。

機械学習をしないロボットにとって、「歩く」とは手順を意味していた。「歩け」という指示を受け取ると、あらかじめ定められた通りにロボットの手足を動かし、あらかじめ定められた通りに各種センサーのデータに基づいてバランスをとる。このようなロボットは「歩く」という言葉の意味を人間のようには理解していないと考えてよいだろう。

では機械学習によって歩き方を自ら学ぶロボットはどうだろうか。このようなロボットにとって、「歩く」というのは定められた手順ではない。ロボットが開発者から受け取るメッセージは、「バランスを取りながら手足を動かして前に進む」といった目標だ。ロボットはその目標に近づくように自ら試行錯誤し、歩き方を身につけていく。つまり、このロボットは「歩く」という言葉を、「バランスをとりながら手足を動かして前に進む」という「意味」であると理解したのだと考えてよいのではないだろうか。そして、この理解は人間とあまり変わらないのではないだろうか。

人間は「歩く」というのがどういうことなのか、その意味を知っているので、自ら歩き方を学び、身につけていくことができる。しかしＡＩは意味を理解できないので歩く手順をすべて人間が教えなくてはならない。それが人間とＡＩの重要な違いだったとすれば、歩くというのがどういうことなのかを知り、その方法を自ら身につけていくＡＩは人間と「意味の理解」において同等なのではないだろうか。

〈志向性〉

私は、強化学習をするＡＩは「歩く」という言葉の意味を理解しているのではないかという問いに、どちらかといえば肯定的に答えたいと思う。強化学習という仕組みは、原理的には極めて強力で、運動や認識の能力が改善されれば非常に広範な問題に答えうるからだ。例えば最初に例として挙げた、細い道で前からくる人間と鉢合わせしてしまった状況への対応も、様々な音を出す機能や体の各部を自在に動かす機能などがあれば、試行錯誤を繰り返す中で、相手の人間が、よけてほしいというサインと受け取るような動作を獲得し、相手が道を開けてくれた隙間をどのように通ればよいのかも学習してしまうかもしれない。もちろん、そのようなおそらく膨大な試行回数の学習につきあえる人間はいないだろうが、相手もまたロボットにしてしまって双方が学習すれば、十分に実現可能だろう。さらに、このような学習の仕組みは、「計画」という機能にも応用可能だ。これもあくまで原理的にはであるが、実際にやってみる前に、頭の中（メモリの中）で何度もシミュレーションしてみて、上手くいく方法を探し出すことができるようになるかもしれない。もちろんそのためには非常に高度な認識機能が必要だし、シミュレーションの方法まで自ら見つけだしていかないとすればかなり先は長いのかもしれないが、原理的には不可能ではないはずだ。

では強化学習はなぜ原理的に強力なのか。それは、「方向付け」によって動作を改善するシステムだからだ。どうなればより良くなったと言えるのか、その評価基準さえ明確であれば、そして十分な認識・運動能力があれば、改善がなされていく。何かゴールのようなものがあってそこに到達すればそれで終わりということではなく、「方向」が示されているだけなので改善のプロセスはいつまでも続く。

もう少し具体体に考えてみると、強化学習が成立するためには、いくつかの条件が必要だ。まず、学習主体は何か行動を起こさなくてはならない。強化学習は行動の結果のフィードバックによって成立するのだから、最初に行動がなければ話にならない。障害物があればそこで止まってしまうようなロボットでは学習ができないということだ。この条件を「活性化」と呼びたい。次に、行動には選択肢がなければならないということも重要な条件である。いくつかの選択肢を比較検討し、より良い方法を選んでいくからこそ学習が成立するのだから、活性化されていても全く同じ振る舞いを繰り返すだけでは学習はできない。よって二つ目の条件は「選択肢」の存在である。そして最後に、それぞれの選択肢を評価し、適切なものを選ぶための「評価基準」が必要になる。

強化学習の場合はこの三つの条件に加えて、フィードバックの仕組みも必要だが、これは「方向付け」をより一般化して理解するための条件には加えない。というのは、先ほど説明した「計画」、すなわち実際の行動する前に頭の中（メモリ上で）シミュレーションしたり論理的に考えたりして行動を選択する場合には必ずしも必要ではない条件だからだ。

「方向付け」という言葉でこれまで説明してきたことは、「活性化」「選択肢」「評価基準」という三つの条件で置き換えることができるというのが私の考えである。そしてこれを改めて「志向性」という言葉で呼びたい。方向づけを持つ性質が志向性であり、方向づけを持つためには、活性化され、選択肢が与えられ（あるいは自ら見つけ）、それを評価する基準が必要である。そして、志向性を持つような「もの」やその振る舞いは志向的であると表現される。強化学習という仕組みを持つＡＩ（の振る舞い）は志向的であるし、学習する能力やある程度の問題解決能力を持つ動物（の振る舞い）はすべて志向的だ。もちろん人間もそうである。

志向性を持つという意味において、（強化学習をする）ＡＩと人間は同等であるという主張は、混乱を招きかねない表現だと思う。というのは、ＡＩと人間を区別する要素の候補として「志向性」が議論されてきたという経緯があるからだ。実は、そのような文脈で用いられる「志向性」とここで説明した「志向性」は意味が異なっている。この点についての詳しい説明はコラム２で取り上げるので、ここではただ、志向性という言葉について独自の意味づけをしているということだけを理解していただいて先に進むことにするが、漢字では「志」（こころざし、意志）を「向ける」と表現する言葉の語感として、それほど無理はないのではないかと思う。

強化学習の仕組みを持つＡＩは志向的であるという点において、そうでないＡＩとは決定的な違いを持ち、より「人間に近い」と評価できる。そのため、これ以降は基本的に強化学習（またはそれと同等な技術）を取り入れたコンピュータをＡＩと呼ぶことにしたい。

さて、ここまではどちらかといえばＡＩと人間の共通性を強調する形で議論をしてきたわけだが、だからと言って、私はＡＩがそれほど遠くない将来に人間のような存在になるとか人間以上になるとか考えているわけではない。志向的であるという点は共通していても、志向性がどのように与えられているのかという点については非常に重要な違いがあるからだ。

ＡＩは志向性を数値によって与えられるが、人間は言葉が志向性をもたらす。この違いは、少なくとも現在のところ、越えられない壁となっている。ＡＩもしくはロボットが機械学習を行うときには、方向性を与えるために何らかの「数値」が必ず必要だ。ビデオゲームの操作を学習するＡＩは「得点」という数値を手掛かりとするし、囲碁のプログラムは盤面を評価してそれを数値化する。歩くという動作なら、位置や加速度などの数値が使われるだろう。なぜ数値が必要なのかというと、数値でなくては大小関係を明らかにすることができず、より望ましい選択肢がどれなのかを評価できないからだ。数値化を一切行わずに何らかの評価を行うことは、どう考えてもできないだろう。「歩け」という音声命令を学習するロボットも、その言葉をなんらかの数値基準に置き換えることによって学習を可能にしている。つまり、ＡＩの志向性は数値による志向性なのだ。しかし、人間の場合は、言葉そのものが志向性を与えている。もちろん、ある種の量的要素を私たちの神経細胞が構成しているのかもしれないが、言語というレベルで私たちは志向性を受け止め、志向的に振る舞っているのだ。このことをイメージするために、私たちの歩くという行為について考えてみよう。

〈言葉による志向性〉

「歩く」という行為は志向的ないとなみである。「歩け」という命令や「歩こう」という意志は、私たちの運動機能を活性化する（体を動かす）し、「歩き方」は人それぞれ、あるいは状況に応じて様々な歩き方（選択肢）がある。そして、「良い歩き方だ」あるいは「それはもはや歩いているとはいえない」といった評価が可能だからだ。では、どのような評価基準が存在するのだろうか。考えてみると、「歩く」という行為は結構複雑であることが分かる。

まず、スピードという基準があることは明らかだろう。健康な人が、1時間かかって1mしか進んでいなければ、よほど特殊な場合以外は「歩いている」とは見なされないだろう。例外として思い当たるのは、いわゆる「牛歩戦術」というもので、この場合はむしろいかにゆっくりと「歩く」のかが求められている。それ以外の場合も、速ければ速いほどいいというわけでもない。多くの場合は「歩く」という言葉にふさわしい速度があるが、それはかなり曖昧だろう。

歩くときの姿勢や動作にも状況に応じた基準があると思われる。背筋を伸ばして顔を上げ、やや大股でさっそうと歩くことが「格好いい歩き方」だと受け止められるなら、それも一つの志向性だし、服装や靴によっては、もっと小股でちょこちょこ歩くことがふさわしい場合もあるだろう。長い距離を歩かなければならない職業の人は、より疲れにくい歩き方を会得しているかもしれない。歩いている間の安全確保ということも良い歩き方の基準になっている。子どもがキョロキョロとよそ見をしながら歩いていると、「ちゃんと前を見て歩きなさい」と叱られるだろう。人混みの中でスマートフォンを見ながら歩いていても迷惑だと思われるし、批判もされてしまう。

そして、おそらく「歩く」ことの定義を最も厳密に定めているのは競歩という競技だろう。これはできるだけ早く歩く競技なので「歩いていない（走っている）」と見なされれば失格となってしまう。失格の条件は、両足が同時に地面から離れるか、足が地面についてから体の真下に来るまでの間に膝が曲がるかの二つであり、その場合に「歩いていない」と見なされるのだ。後者はちょっと分かりにくいが、少なくとも前者については、「跳んで」しまえば歩いているとは見なされない、ということなので、多くの人の「歩く」という言葉のイメージに合致するだろう。

もしかしたら、これらの基準の一つ一つは数値化が可能かもしれない。速さは客観的な速度が使えるだろうし、格好良さは人々の評価を多数参照することによって何らかの数値化が可能だろう（こういった分野はいわゆるビッグデータの活用によって非常に進歩してきている）。疲れにくさは、エネルギー効率のような基準で代用できそうだし、安全性は様々なリスクの確率を計算し、総合的に評価した指標が作れるかもしれない。

しかし、「歩く」という行為の志向性を構成する指標の完全なリスト、のようなものは存在しない。上にあげたことは単に思いつきで作った一例であって、他にも様々な志向性の基準が考えられるだろう。音を立てないこととか（忍び足）、カロリーを消費することとか（ダイエット）、リズミカルであることとか（行進やダンス）、読者のみなさんも考えてみればいろいろ見つかるだろう。しかし、絶対選ばれない基準があることもやはり明らかだ。しっかりと確実に歩くと言われてもどうするのかよく分からないし、より高く歩く、というのも意味不明だ。詳細に、とか、全体的に、となるともう訳が分からない。それらは「歩く」という行為の志向性として採用される可能性が極めて低いといえるだろう。

先程私は、人間の場合言葉そのものが志向性を与えると書いた。実際には、言葉は何らかの、原理的には数値化可能な基準と結び付けられ、それらの基準が私たちの振る舞いを方向づけているのだと考えられる。では、言葉そのものが志向的ということではないのか。実はこの点については、現時点で私は十分に自信を持って答えることはできない。それは、言葉と評価基準との間の関係を、どのように表現すればよいのかについて、迷いがあるからだ。

「歩く」という言葉の意味を私たちは確かに知っている。少なくとも知っていると感じている。それは、適切に歩いてみせることによって証明される。適切に歩くには、様々な評価基準が参照されているはずだ。適当な速さで、あまりにも格好悪い歩き方ではなく、安全に配慮し、路面に応じて、段差をうまく乗り越えたり回避したりして。ではどうやって、私たちは言葉と評価基準を結び付けているのか。AIにもできるような方法で結びつけているのか。もしこの点が解決でき、AIでもそれが実現できれば、そのAIは、少なくとも行為に関する言葉に関しては、その意味を理解できたと言って差し支えないと思う。「歩く」という言葉を聞き他の人の歩き方などを見ただけでその志向性を理解し、実際に様々な評価基準を自ら設定して、志向的に振る舞う。もしそれが可能になれば、そのＡＩは歩くという言葉を理解したといえるだろう。しかし現時点で私は、それが技術的に可能なのかそうでないのかは分からない。

このように、まだ十分に説明できていない点があるにせよ、大筋として、人間が言葉によって志向性を与えている／与えられていることは確実だ。そして、少なくとも現時点では、ＡＩにそれはできない。

人間は言葉によって行為を方向付けている／方向づけられているということは、言い方を変えれば、人間は言葉がなくては行為ができない、ということを意味する。いやいや、歩くという言葉がなくても人は歩くではないかと思われるかもしれない。言葉を知らなくても家の中で何かを取りに行こうとすれば歩いてしまうだろうし、誰かに呼ばれればその人に向かって歩くかもしれない。確かにそうだ。しかし、意識して歩く、あるいは歩こうという意志を持って歩くことは、歩くという言葉がなければ絶対に不可能だ。

歩くという言葉をもし持たなければ、歩いているように見えてもそれは先にあげたような様々な評価基準とは結びつけられていない。だから、適切な速さにコントロールすることもなく、格好よさを維持することもなく、安全に配慮することも、疲れないようにすることもない。私たちが、それの基準と結びつけらえていることが歩くという言葉の意味だと理解しているなら、歩くという言葉に方向づけられていなければそれは歩くという行為ではないということになる。

また、歩くという言葉がなければ、何かの必要があって歩くということもできなくなる。ダイエットのために一日一万歩を目標に歩くとか、駅までバスに乗らずに歩くといったことができなくなる。走っている人が、疲れたからもう歩いてしまおうと決断することもできないし、景勝地に観光に来て、景色を見ながらのんびり歩くということもできなくなる。これはなぜかというと、歩くという言葉がなければ、歩くという行為を一つの選択肢として考慮し、比較の上採用する、ということができないからだ。ダイエットの方法はいろいろあるが、自分に手軽にできる方法として、しっかり歩くというのはどうだろうかと考え、それでやってみようと決断する。このような思考は歩くという言葉（もしくはその代わりになるもの）なしには成立しない。

歩くという言葉は、歩くという行為を制御していると同時に、他のいとなみの一部として歩くという行為が用いられることを可能にする。つまり、行為と行為を接続する機能を持っているのだ。そして、そのことによって私たちは、単純な行為を組みあわせて複雑な行為をつくりあげ、「仕事をする」とか「学校で学ぶ」といった複雑で多面的ないとなみが作り上げられる。また、歩くという言葉が共有されていれば（そして実際に共有されているはずだが）、他者への指示、他者からの指示として、その言葉を用いることができる。つまり、自分の行為と他者の行為の接続も可能にするのだ。いうまでもなく、これは「社会」というものの基礎となる。

行為を表す言葉が行為と行為を接続する働きをしているというイメージは極めて重要だが、そのことをより深く考えていくためには、本書の二つの目のキーワードである「言語ゲーム」という概念を導入する必要がある。次の節で詳しく説明しよう。

〈言語ゲーム〉

単純な部品を組み合わせて複雑なシステムを作り上げていくというイメージは、コンピュータの仕組みにも共通することだ。「部品」にあたる言葉としては、アプリケーション、プログラム、あるいはプロセス、スレッドなど、実行段階の仕組みにかかわるものもあるし、サブルーチン、関数、オブジェクトなど、プログラミングで使われる言葉もある。コンピュータの仕組みに詳しくない人でも分かりやすいのは、プログラミングの言葉だと思われるので、ここではその中で最も汎用性のある言葉として「サブルーチン」を採用しよう。

では、一つの例として、スマートフォンの目覚まし時計アプリを考えてみよう。話を簡単にするために、時刻や目覚まし音の設定をする部分は省略して、設定時刻が来た時に起動してメッセージを表示し、アラーム音を鳴らす機能だけを考えよう。図で表すと以下のようになる。

目覚ましアプリ

アプリの起動　↓　メッセージを表示する　↓　アラーム音を鳴らす

目覚ましアプリから見て、メッセージを表示する部分とアラーム音を鳴らす部分は、部品のようなもの、

つまりサブルーチンと見なすことができる。
次に、アラーム音を鳴らすサブルーチンの中身を見てみよう
アラーム音を鳴らすには、まずどのアラーム音を鳴らす設定になっているのかを調べなくてはならない。
そして、それが分かれば、その設定されたアラーム音を鳴らせばよい。

アラーム音を鳴らすサブルーチン

サブルーチンの起動　→　アラーム音の設定を調べる　→　設定されたアラーム音を鳴らす

アラーム音の設定を調べるという部分は、アラーム音を鳴らすサブルーチンから見たサブルーチン、つまりサブルーチンの中にあるサブルーチンだ。

ここまで来ればもう十分に具体的だと思われるかもしれないが、プログラミングという作業はそんなに甘くない。「アラーム音の設定を調べる」というサブルーチンは問い合わせなので、答えを返してくる。そしてその答えはおそらく「アラーム音番号」のような数値ということが多いだろう。

ということは、「設定されたアラーム音を鳴らす」というサブルーチンでは、受け取ったアラーム音番号から、音声データのファイル名を調べ、そのファイル名を音声再生のための外部プログラム（Windows などのＯ

Sがそのような機能のプログラムを持っている）に送り出すことが求められる。これでやっとアラーム音が再生される。

設定されたアラーム音を鳴らすサブルーチン

サブルーチンの起動　→　アラーム音番号からファイル名を調べる　→　そのファイル名を音声再生用のプログラムに送り出す

目覚ましアプリを作る人が意識するのはここまでだが、音声再生プログラムの中身にまで立ち入ると、さらに細かい部品に分割され、それは最終的にCPUというコンピュータの頭脳の持つ機能（メモリとの情報のやり取りや四則演算など本当に単純な命令）にまで還元される。

細かい部品を組み合わせていって複雑なシステムを作り上げていくイメージは理解していただけたと思うが、ここで注意を喚起しておきたいのは、音声再生用のプログラムは外部のものを使ったということだ。これは、音声の再生というのは様々なアプリで必要になる機能だからだ。このように汎用性のある部品をあらかじめ用意しておけば、新たなプログラムを作ろうとする人はそれを利用することによって労力を節約することができる。

人間の場合も同じような階層性でとらえることができる。例えば通勤あるいは通学といういとなみは、歩く、電車に乗る、バスに乗る、といった部品がいくつか組み合わさってできている。さらに、電車に乗るといういとなみは、改札を通る、ホームを選ぶ、電車を待つ（列を作る）、乗るべき電車かどうかを確認する、乗車する、駅に着くまで待つ、降車する、改札を通る、といった部品で構成されている。もちろん、改札を通るにはどうするのかをさらに分解することも可能だ。

これの部品それぞれが、独立した志向性を持っている。通勤／通学といういとなみは、自分から動かなくてはならない（活性化）。歩くルートは選択可能だろうし状況に応じて交通機関も使い分けるだろう（選択肢）。そして、早さや快適さなど、より望ましい選択肢を選ぶ基準が存在する（評価基準）。改札を通るといういとなみは、日々電車に乗っている人にとっては意識するまでもない単純なことのように思えるだろうが、目的地までの料金を調べて、切符を買って、その切符を自動改札機のある部分に挿入して、乗車の際は必ず切符を受け取って、といった、結構複雑ないとなみだ。そして改札というのは、鉄道会社が料金をきちんと支払っているかどうかを確認するための仕組みだということが分かっていれば、鉄道会社による乗車券の確認の有無という基準によって、もし改札機が壊れていれば、駅員に切符を見せて構内に入ってもよいだろうという判断ができる。これもやはり志向的であることが分かるだろう。

いくつものいとなみが階層的に組み合わされていることを表現するためには、「部品」と呼んできたものを、より適切な言葉で置き換える必要がある。それが「言語ゲーム」という概念だ。

言語ゲームは、暫定的に「言語によって志向性を与えられたいとなみ」と定義しておきたい。もう少し議論が進んでから若干修正する予定だが、基本的な考え方はこれで十分表現できていると思う。なお、この定義は、言語ゲームという概念を提唱した哲学者ウィトゲンシュタインの考え方とは必ずしも一致しない。この異動についてはコラム1で説明することにして、本書での定義に基づいて話を進めたい。

〈命令・行為の言語ゲーム〉

本書での言語ゲーム概念のポイントは、これまで説明してきた志向性である。これまで事例として挙げてきた、「歩く」「通勤／通学する」「電車に乗る」「改札を通る」など、基本的に行為一般がすべて言語ゲームである。通常「ゲーム」という言葉で表現されるようなもの、例えばゲームセンターにあるゲーム機で行うものはもちろん言語ゲームだし、トランプなどのカードゲームも、そしてスポーツ一般も言語ゲームだ。それらが志向性を持つことは明らかだし、そのゲームの名前が志向性を与えていることも分かる（「野球」という言葉がなければ野球を始めることはできないし、ゲームセンターのゲーム機は、それが「ゲーム機」というカテゴリーに属するものだと理解できていなければどうしていいのか分からないはずだ）。さらに、それらのゲームの部品としての言語ゲームも存在する。例えば、野球という言語ゲームの中には、投球や打撃や走塁や捕球といった言語ゲーム（これらが志向的であることも自明だろう）が見出せる。

私たちが日常生活の中で「する」こと（名前をつけられるもの）はことごとく言語ゲームだ。起床、洗面、歯磨き、朝食（を摂る）、通勤通学、授業への出席や会議への参加、ノートをとる、質問、提案、報告書を書く、接客、配達、運転、指導、休憩、外食、（酒を）飲む、帰宅、入浴、テレビを見る、着替える、寝る。いくつか疑問が出そうなものについて補足説明をしておくと、「休憩」はただ単に何もしないことではなく、「体が休まる」とか「リラックスする」といった基準に方向づけられていて、居心地のいい場所を選んだり、体が休まるような姿勢や衣服の調節をしたりするだろう。「テレビを見る」というのは誰かがスイッチを入れたテレビの画像がたまたま目に入ることではなく、意識的にテレビを見ることを意味していて、その場合は「面白い」とか「ためになる」といった基準に方向づけられてチャンネルを選んだりするだろう。

さらに、多くの人が集団で行う大規模な言語ゲームもある。企業組織が行う、様々な製造、販売、サービスの提供、輸送、メンテナンス、情報提供。学術活動や芸能の普及発展といった活動、困窮者の援助活動や、政治運動、そして、戦争やテロも言語ゲームだ。

言語ゲームにおいて、言語は志向性を与えて振る舞いを制御する働きを持っている。そのため、先ほど提示した「言語によって志向性を与えられたいとなみ」という定義は妥当であるように見える。しかし、言語はまたゲームとゲームを接続する働きを持っていることも言語ゲームという概念は表現する必要がある。そのため、単に「志向性を与えられたいとなみ」とだけ定義するだけでは、不十分だ。これに「志向性を与えること」も付け加えなくてはならない。

「歩く」というゲームを例に出すと、「歩け」と命じられたり「歩こう」と決意したりするときに、それを受けて実際に歩くいとなみだけが言語ゲームなのではなく、「歩け」と命じることや「歩こう」と決意することも、言語ゲームの定義に含める必要があるということだ。

明確な言葉で表しておくと、「言語によって志向性を与えること、及び、言語によって志向性を与えられたいとなみ」ということになるだろう。

この定義に合わせて、言語ゲームとしての行為一般を、「命令・行為の言語ゲーム」という言葉で表現したい。命令だけを取り上げて自分自身で決意することを無視しているように見えると思うが、決意は「自分に対する命令」だと解釈し、命令という言葉だけで代表させたのである。

わざわざ「命令・行為の言語ゲーム」という言葉を創りだしたということは、それ以外の言語ゲームもあると私が考えていることを示している。その、もう一つの言語ゲームについて、次の節で解説しよう。

〈質問・応答の言語ゲーム〉

ここで再び、足し算の例に戻ろう。

足し算といういとなみは、足し算を「する」と表現することができ、それを一つの行為ととらえることも可能だろう。そしてそれが志向的であることも、先ほどの検討から分かる。私たちは足し算を定められた手順として理解しているのではなく、足し算というのが何を求めているのかを理解し、暗算、筆算、そろばん、電卓など様々な方法を使い分ける。また、原初的な「合わせた数や量」というイメージを様々に拡張し、多様な足し算を創りだしていくことができるが、その際にも適切さの基準は見いだされるだろう。このいずれも、志向性という概念と合致している。それでは、足し算もまた、命令・行為の言語ゲームであるととらえてよいのだろうか。

私は、足し算は別の種類の言語ゲーム――質問・応答の言語ゲーム――に属すると考えている。実は、足し算が命令・行為の言語ゲームではないという決定的な理由はないのだが、別の種類のゲームに属するのだという区別を強調したほうが、複雑な言語ゲームを理解するうえでは非常に有効なので、このように考えているというのが実情だ。このことは、今後の説明で理解していただけると思う。

質問・応答の言語ゲームは、命令ではなく質問が振る舞いを方向付ける。そして、「答えを返す」という点において、命令・行為の言語ゲームと異なっている。ただそれだけの違いかと思われるかもしれないが、これはきわめて大きな違いだと私は考えている。

これもまた、ＡＩとの比較で考えてみたい。先ほどの目覚ましアプリの例をもう一度使おう。先ほど説明した、アラーム音を鳴らすサブルーチンは、以下のようなものだった。

このうち、アラーム音の設定を調べるサブルーチンが質問・応答の言語ゲームに相当し、設定されたア

サブルーチンの起動　↓　アラーム音の設定を調べる　↓　設定されたアラーム音を鳴らす

ラーム音を鳴らすサブルーチンが命令・行為の言語ゲームに相当する（コンピュータプログラムなので、言語ゲームそのものではない。二種類のゲームの違いを説明するための方便である）。

アラーム音の設定を調べるサブルーチンは、設定されたアラームの番号という答えを得ることにより、その後の動作に影響を与える。このような仕組みによって、目覚ましアプリは、状況（この場合は設定だけだが）に応じた柔軟な動作が可能になっている。

たかが設定どおりに動くというだけで柔軟な動作というのは大げさに思えるかもしれないが、質問・応答の言語ゲームに相当する部分（アラーム音の設定を調べるサブルーチン）を差し替えるだけで、いくらでも柔軟なアプリが作れる。例えば、この前に「曜日を調べるサブルーチン」を挿入し、設定のサブルーチンを「曜日ごとのアラーム設定を調べるサブルーチン」に置き換えれば、平日と週末で異なるアラーム音を鳴らすようなアプリが作れる。また、スマートフォンの目覚ましアプリの中には、振動などから睡眠リズムを計測し、起きやすいタイミングを見計らってアラームを鳴らすものがあるようだが、これも、質問・応答の言語ゲームに相当するサブルーチンによって可能になる機能だ。

命令・行為の言語ゲームに相当するサブルーチンと質問・応答の言語ゲームに相当するサブルーチンの違いは、プログラムを作成する場合に意識されており、プログラム言語によっては、前者を「手続き」後者を「関数」と呼んで明確に区別しているものもあるくらいだ。この場合、「手続き」は値を返さないサブルーチン、「関数」は値を返すサブルーチンなので、両者の違いに関する考え方は本書の説明と一致している。

人間の場合も事例をあげておきたい。例えば通勤・通学という言語ゲームを構成する部品を考えてみよう。

天候によって通勤通学の手段を変えるという人は、通勤・通学の言語ゲームの最初に、「今日の天気を調べる言語ゲーム」を行うはずだ。これは、晴れとか雨とか、降水確率がいくらとかの答えを返す言語ゲームであり、その答えはその後の行為に影響を与える。駅のホームで電車が到着すると、「この電車に乗っても良いのかを確認する言語ゲーム」が行われるだろうし、家から駅まで歩く際には、「どの道を通るのかを決める言語ゲーム」が行われるかもしれない。後者については、途中に寄りたい場所や気になるものがあったり、通行止めや避けたい場所があったりすると必要になるだろう。

人間の行う質問・応答の言語ゲームは、それが果たす役割については目覚ましアプリの関数と共通する部分がある一方、その仕組みは全く違っている。質問・応答の言語ゲームは志向的なのだ。

天気を調べる言語ゲームは、今日の天気が何かという答えだけを要求しており、それを調べる手段は状況に応じて選択することができる。テレビの天気予報を見るかもしれないし、スマホのアプリかもしれない。あるいは自分で空模様を見て判断する人もいるかもしれない。

歩くルートを決める言語ゲームは、多様な志向性を持っていると考えられる。とにかく一番早く行けるルートを求める人もいれば、安全性を重視する人もいるだろう。どうしてもここだけは通りたくないという事情が無視できない人もいるかもしれない。

来た電車に乗るかどうかを決める言語ゲームも、アナウンスを聞いたり、電車の表示板やホームの時刻表を見たり、路線図を頭の中で思い浮かべたり、いろいろな手段を用いるだろう。不案内な場所なら、隣にいる人に「この電車、○○に停まりますか」と尋ねるかもしれない。

改めて足し算に話を戻せば、足し算もまた、「和」という答えを返す言語ゲームである。私たちは様々な理由で何かの「和」を求め、足し算をする。金額の計算、時間の計算、長さや距離の計算、面積の計算。そして計算結果は、その後の行為に様々な影響を与える。私たちは足し算という計算によって、状況に柔軟に対応しているのだ。

計算そのものには、答えの選択肢は存在せず、それゆえ志向性は認められないのではないか。そのような疑問もあるかもしれない。確かに、1＋2の答えは3しかないのであって、それ以外の答えはないのだから、選択肢は存在しないとも考えられる。しかし、私たちが生活の中で行う計算はその限りではない。例えば、今年の売り上げは去年の何倍だったのか、という問いについて考えてみよう。もし単純に割り算をして、1.989356773倍だったとすれば、それが唯一の「正解」だろうか。私は多くの場合は、「約2倍」という答えのほうがより適切だと思うのだがどうだろう。このようにそれが実際に使用される場面を考えれば単純な計算にもやはり選択肢（正確な数値か概数か、など）は存在し、それゆえ志向的な言語ゲームだといえるのだ。

質問・応答の言語ゲームは、様々な言語ゲームの部品として用いられるが、部品ではなくそれ自体がいわばトップレベルの言語ゲームもある。

私たちはそれほど強い動機がなくても、様々なことに興味を持ち、答えを得ようとすることがある。普段は習慣的にしていることにある日何となく疑問を持ち、どうしてだろうと考え始める。たまたま知った事実を面白いと感じ、自分でも調べ始める。このような、好奇心から始まる質問・応答の言語ゲームもある。それらの多くは、日常のちょっとした疑問として始まり、解決されていく（あるいは放置される）だろうが、中には疑問が疑問を呼んで膨れ上がり、大きな問いになっていくものもあるかもしれない。

きわめて規模の大きい、組織的・継続的な質問・応答の言語ゲームもある。様々な学問はそれぞれ固有の問いを持つ、質問・応答の言語ゲームだし、報道機関やシンクタンクも質問・応答の言語ゲームに関わる仕事をしている。

そして最後に、人間にとって、自分自身についての問いが切実なものである可能性について言及したい。自分は何者なのか、どんな人間でどのように評価できるのか。このような問いは、一般的にはアイデンティティとか、自尊感情などの言葉で表現されることと関わりがある。言語ゲームというアイデアは、これらを何らかの存在物や状態として捉えるのではなく、質問・応答の言語ゲームという継続的な活動だととらえる。私たちは自分自身について問い続け、そしてそれはしばしばきわめて切実な問いとなるのだ。

この「切実な」という言葉は、「活性化」という、これまであまり深くは取り上げてこなかった志向性の条件と関連しているので、ここで補足をしておきたい。

言語ゲームが志向性を持つというときに、その条件の一つとして「活性化」というものをあげたが、導入の際はこれを「何らかの行動を起こさせる性質」というような説明の仕方をした。それは間違いだったと修正するわけではないが、あまりピンとこなかった人も多いと思うし、言語ゲームという概念を提案した後ではもう少し明確なイメージを作れると思う。感覚的に言うと、私たちは無条件に「ゲーム」に引きつけられる、ということなのだ。いわゆる「ゲーム」、例えばゲーム機やスマホで行うゲームもそうだし、将棋や囲碁やトランプで行うゲームも人を引き付ける。スポーツをする人は多いし、「ゲーム」という言葉が該当しそうな趣味は他にもいくらでもあるだろう。

これらの「ゲーム」をしている人の中には、何らかの目的をもってゲームをしている人もいる。例えば体力作りのためにスポーツをするとか、プロとしてお金を稼ぐために競技をしているといった場合だ。しかし、全ての人が何かの手段としてゲームをしているわけではないだろう。ゲームそれ自体が楽しく、ひきつけられるという側面があるはずだ。

また、仕事といういとなみにしても、その全体または一部に、ゲームとしてひきつけられるという側面もあるだろう。おそらくそれは、「やりがい」といった言葉で呼ばれるのだと思う。

いわゆるゲームの中には、質問・応答の言語ゲームに属するものもある。なぞなぞ、クイズといったものはそうだし、推理小説も読み方による部分はあるが、その要素はあるだろう。これらもまた、答えを考えること自体が楽しく、人を引き付けることを示している。

このように、言語ゲームというものそれ自体が人を引き付ける要素を持っているし、無条件に人を引き込む性質を持っていると私は考えている。[7]

以上で、本書の二つのキーワード、志向性と言語ゲームという概念の基本的な説明は終わったが、まだ十分な答えを提示できていない問いもあるし、これからまだまだ深めていかねばならない論点もある。まだ出発点についたばかりだ。

次の章では、言語ゲームには命令・行為の言語ゲームと質問・応答の言語ゲームの二種類のものがある、という私の主張に関わる論点を深めていきたい。これまでの説明を読んでも、果たして言語ゲームというのはこの二種類だけなのか、他の言語ゲームは考えられないのか、といった疑問や、この二種類の言語ゲームだけですべての言語現象を説明しつくせるのか、といった疑問を持った人はいるだろう。これは、言語ゲームという概念の射程に関わる論点であり、これもやはりその後の議論の基礎を構成すると思われる。

第2章　二種類の言語ゲーム

この章では、言語ゲームが「命令・行為の言語ゲーム」と「質問・応答の言語ゲーム」の二種類によって構成されているという点について、より詳しい説明を行う。

この二種類には回収されない言葉の使用として、多くの読者は「平叙文」、つまり何かの記述を思いつくかもしれない。そのため、それら——記述の言語ゲーム——の理解が重要になる。そこで、本章では記述の言語ゲームについての説明と、それが他の言語ゲームとどのような関係にあるのかを軸にして、言語ゲームという考え方のより深い理解を促したい。

〈基本的な言語ゲーム〉

私は、命令・行為の言語ゲームと質問・応答の言語ゲームの二種類は、基本的な言語ゲームだと考えている。これは、あらゆる言語ゲームがこの二種類の系統のいずれかに属する（または両方の性質を併せ持つ場合もある）、ということを意味している。この主張は、一般的な言語観からは逸脱する、かなり強い主張なので、説明を要するだろう。

そこで最初に、簡単な例をあげて考察の糸口としたい。取り上げるのは自己紹介である。

私の名前は佐藤裕です。

これは、文法的には何らおかしなところのない、完全な文だ。意味は明確に読み取れるし、真偽を判断することもできる。これが自己紹介だということは、容易に理解できるし、自己紹介として不自然なところもないだろう。だから、これを独立した完全な文として、考察の対象とできる。通常はそのように考えるのではないだろうか。

しかし私は、この文だけを独立したものとして取り扱うことはできないと考えている。

例えば、この文を親しい友人や家族に対して言ったとしたらどうだろうか。相手は、何を言いたいのか分からず戸惑うだろう。つまり、この文の（発話の）意味が取れない、ということになる。それは、知っているはずのことをわざわざ言うので変だと思うだけであり、文そのものがおかしいわけではない、そう主張する人もいるかもしれない。もちろん、それにも一理はある。

では、少し問いの立て方を変えよう。もし、すでに名前を知っている人に対して自己紹介する人がいれば、その人は、言語というものを理解し十分に使いこなしていると言えるだろうか。あるいは、本書のスタイルで敷衍すれば、すでに名前を知っている人に対して何度も自己紹介をするようなＡＩは、言語を理解していると言えるだろうか。

「ワタシノナマエハ〇〇デス」と、同じ人に繰り返し言うようなロボットは、ある意味ロボットらしくて微笑ましいのかもしれないが、しょせんはロボットだということにならないだろうか。

言語使用に習熟するということは、文法や語彙を理解するということだけでなく、適切な場面で使用できる、ということも意味しているはずだ。ということは、自己紹介の文を場面と切り離して文法的に評価するだけでは不十分だということだ。

では、自己紹介の文はどのように理解すればよいのか。私の答えは、質問・応答の言語ゲームの、答えの部分だというものだ。

あなたの名前は何ですか。

佐藤です。

このやり取りは、十分に自然なものに見えるだろう。答えが「佐藤です」だけであり、主語を書いていないのは実は意図的にそのようにしている。それは、本来の形が「私の名前は佐藤です」であり、それを省略して「佐藤です」と答えているのだという解釈は間違いだと思うからだ。そうではなく、「佐藤です」だけの形が本来の質問・応答の言語ゲームの形式であると私は考えている。むしろ、「私の名前は佐藤です」という答え方は、答えの中に、本来冗長である問いの一部を取り込む形でできているのではないだろうか。つまり、「私の名前は佐藤です」という文は、実は「あなたは私の名前を問いましたので（問うつもりでしょうから）、それに対して私は佐藤ですと答えます」という意味なのだ。

なぜそのような解釈が成り立つのかというと、それは「問い」は実際にはしばしば存在しないことがあるからだ。自己紹介であれば、相手に名前を問われるまで自己紹介しないのかというと、もちろんそんなことはない。名前を問わることが十分に予想される状況であれば、問われる前に自己紹介することは全く不自然ではない。このような発話を、私は「問いの先取り」と呼んでいる。

問いの先取りは、問いが予想される場合だけでなく、あなたはそれを問うべきだという指摘を含む場合もある。例えば、「もう3時だよ」という発話は、「今何時？」という問いを先取りしているわけだが、それは、3時という時刻を気にするべき何らかの理由があるというメッセージを持っていると解釈できる。

「佐藤です」という形ではなく「私の名前は佐藤です」という発話が必要なのは、その表現を問いがなされていない状況で使えば、先取りしている問いを明確にすることができるからではないだろうか。例えば、「おまえ」とか「あなた」とだけ自分を呼ぶ相手に対して、「私の名前は佐藤です」と言えば、それは「あなたは私の名前を問うべきだ」という主張を表しているし、それをふまえて「あなたは私を名前で呼ぶべきだ」という意味も含んでいることは伝わるだろう。ただ「佐藤です」としか言わなければ、それでも伝わる可能性はあるが、やや曖昧になることは否めない。

一般に、情報伝達や主張と解される発話は、何らかの質問・応答の言語ゲームの一部であると考えられる。それは、伝達の発話や主張の発話が問いによって方向づけられているからだ。

例えば自分の考えを誰かに伝えることを考えてみよう。その場合、伝え方には様々な方法があり、言葉の選択や言い回しにも多くの選択肢があるだろう。その中から最も適切だと思えるものを選んで表現するわけだから、このいとなみは志向的である。そして、その志向性を作りだしているのは、問いであると私は考えている。つまり、相手の問いに答えようとする、あるいは相手が問うと予想していることや問うべきだと考えていることに答えようとする。それが志向性をもたらしているのだ。[8]

一方、命令・行為の言語ゲームに属するものとしては、あいさつや宣言などが考えられる。ここで注意してほしいのは、言語行為論のように、あいさつや宣言などが、発話それ自体が行為であるという意味において言語ゲームであると主張しているわけではない、ということだ。これらは、第1章で扱った「歩く」と同様に、言語によって方向づけられる活動であるがゆえに言語ゲームなのであって、言語を用いた活動だということが言語ゲームの条件ではないことに注意をしてほしい。このように、言語行為という概念と、本書における言語ゲームという概念は、言語について全く異なる見方をしている。

私は本書での言語ゲームという概念が、提唱者であるウィトゲンシュタインのそれとは異なる部分があると考えているので、彼の著作を引き合いに出すことはあまりフェアではないかもしれないが、読者の参考のために一つだけ指摘しておきたい。それは、彼が言語ゲームの例としてあげた活動の中には、「言語を用いた活動」ではないものがいくつも含まれている、ということだ。彼が言語ゲームの例として列挙したもののうち、「演ずる」というのはたしかにセリフを喋れば言語を使うが、それが全てではない。「謎を解く」というのも、必ずしも言語が必須だとはいえないだろう。そして「物を作る」という活動については、言語の使用がまったくなくても成立するはずだ。そのため彼は、「記述（設計図）に従って」作る、と注釈をつけたのではないだろうか。作ること自体は言語的な活動ではなくとも、言語（記述）に方向づけられているからこれが言語ゲームなのだ。

再びあいさつと宣言に戻ると（以下、煩雑なのであいさつの方だけを扱う）、あいさつが言葉によってなされるものだという点には特に意味はなく、「あいさつ」という言葉が持つ志向性が問題にされなくてはならないのだ。例えば、「こんにちは」という言葉を、無表情かつ棒読みで発話すれば、通常それが適切なあいさつだとは見なされないだろう。それは、あいさつという言葉が意味することが、そのようなものではないと私たちは知っているからだ。そして、私たちの知っていることは、「棒読みではいけない」といった具体的な指示ではなく、あいさつとは相手との関係を維持するためのものだから相手を不快にさせるようなあいさつはダメだといった、方向性を指し示すもの、つまり志向性なのだ。

このように、多くの言語活動がいずれかの言語ゲームに属するということはご理解いただけたと思うが、この二つの言語ゲームが基本的なものである私が考える理由は他にもある。それは、前提がなくても成り立つ会話は、基本的に要求や依頼（命令・行為の言語ゲームの命令部分）か、質問かのいずれかだと思うからだ。

例えば、街で外国人の旅行者に、自分の知らない言葉で話しかけられれば、それはどのような趣旨のものだと受け止めるだろうか。おそらくそれは、何かをしてほしいと訴えているのか（例えばどこかまで案内してほしい、など）、あるいは何かを尋ねているか（行きたい場所はどちらの方角にあるのか、など）の、いずれかだと想定するのではないだろうか。それは、これらが人間関係や社会規範などの前提がなくても成り立つ会話だからだ。これは旅行者という前提があるからそのように想定されるのではないかという反論があるかもしれない。それでは、逆にあなたが言葉の通じない地域への旅行者で、何らかの理由で周囲の人はあなたが旅行者だとは見抜けないとしよう。そのような状況で突然話しかけられれば、どうだろう。やはり、要求・依頼か、質問かのいずれかとしか考えられないのではないだろうか。

見ず知らずで無関係な人に対していきなり自分の政治的な信念を「主張」し始めるのは、あまり普通のことだとは思えない。私は今日から禁煙しますと、見ず知らずの人しかいない雑踏でいきなり宣言しても、ほとんどの人には無視されるだけだろう。では、あいさつはどうだろう。これも前提がなくても成り立つ会話なのではないか。言葉の通じない人との会話といった状況で、あいさつらしき振る舞いがあったとすれば、まず一つの可能性は、それが要求や依頼、もしくは質問への導入だということだろう。「こんにちは、駅への道はどっちですか」といった一連の会話ということだから、この場合のあいさつは明らかの他の言語ゲームの一部だ。しかし、ただ単にあいさつだけで、その後に要求も質問も続かない可能性もある。道ですれ違う人みんなに、愛嬌を振りまく旅行者もいるだろうから。この場合のあいさつは、そこがあいさつするべき場面だという規範を背景とした行為だと考えられる。私たちは、職場や学校でその日初めてあった同僚・友人にはあいさつをするだろうし、そのようにするべきだと思っている。規範に基づいた行動だということは、それは前提がなくても成り立つ会話ではないということだ。どのような相手に対しても、質問という行為は成り立つし、要求や依頼、あるいは命令・指示と言った行為も、相手との地位関係によって形式は変化するが、何かを求める行為自体は前提なく成立する。このような意味から、あいさつは基本的な言語ゲームとはいえないのだ。

これまで、質問・応答の言語ゲームと命令・行為の言語ゲームが基本的な言語ゲームだと説明してきた。言語ゲーム全体を包括的に見ていく場合にはこの枠組みが適切なのだが、実は、二種類の言語ゲームの違いがもたらすある深刻な問題を理解するためには、質問・応答の言語ゲームに属するある特定の言語ゲームに注目する必要がある。そしてその言語ゲームは、言語ゲームという考え方が言語というものをどのように見ているのかを理解するうえでも重要だ。その言語ゲームとは、記述の言語ゲームである。

〈記述の言語ゲーム〉

記述の言語ゲームは、「これは何か」という問いに答える言語ゲームである。「これ」で示されるものは目の前に実在する物体に限る必要はないので、「〜とは何か」という問いでもいいし、「この人は何をしているのか」という問いも派生形として考察の対象になる。また、先に例として用いた自己紹介も、名前によって自らを記述する、記述の言語ゲームの一種である。

この言語ゲームが重要なのは、これが一般的には「認識」と呼ばれることと重なるからであるし、「ものの名前」というものについての理解にも関わるからだ。また、言語の「表象」という性質について考えるうえでも必要になる。ただ、記述の言語ゲームについての考察はかなり煩雑になるため、本章では簡単な事例を用いた導入にとどめ、詳細な議論は第2部で行いたい。

それでは、目の前にある物体について、「これは食べられるのか」という問いを立て、それに答えるプロセスを考えてみよう。このような問いは例えば以下のように進行すると考えられる。

これは食べられるのか？
　これは何か？
　　これはリンゴである。
　リンゴは食べられるのか？
　　リンゴは食べられる。
それなら、これは食べられる。

「これは食べられるのか」という質問・応答の言語ゲームの中に、その部品として、「これは何か」と「これは食べられるのか」という二つの言語ゲームが現れていることが分かるだろう。考えてみたいのは、このプロセスにおいて「リンゴ」という言葉がはたしている役割だ。

リンゴという言葉は、「これは何か」という問いに対する答えであると同時に、「リンゴは食べられるのか」

という問いの一部になっている。言い換えるなら、「これは何か」という問いの「出力」であり、「食べられるのか」という問いに対する「入力」になっているのだ。

例によって、ＡＩ（コンピュータ）との対比で考えてみよう。

このプロセスをコンピュータプログラムで実現するとすれば、あるものが食べられるかどうかを調べるサブルーチン（長いので以下関数と呼ぼう）の中に、部品としての二つの関数があると考えられる。一つ目の関数は対象の名前を出力する関数であり、二つ目の関数は、その名前からそれが食べられるのかどうかを調べる関数である。一つ目の関数は何らかのセンサーによって得られた情報を解析して、そこから名前を引き出す働きをしているだろうし、二つ目の関数は、その名前をインデックスとして知識データベースを検索し、食べられるかどうかを判断するだろう。

このように考えると、リンゴという言葉は別に対象の「名前」であると考える必要はない。少なくともこのゲーム／関数に関する限り、重要なのはリンゴかどうかではなく、食べられるかどうかであり、例えば以下のようなプロセスでも何も問題はないのだ。

これは食べられるのか？
　これは何か？
　　これは果物である。
果物は食べられるのか？

果物は食べられる。
それなら、これは食べられる。
しかし、以下のようなプロセスはもちろん不適切だ。
これは食べられるのか？
これは何か？
これは植物の実である。
植物の実は食べられるのか？
植物の実は食べられるとは限らない。
それなら、これは食べられるとは限らない。

つまり、「これは何か」という問いの答えは、食べられるかどうかを問うためのデータベースの検索に役立つようなものにしなくてはならないということだ。リンゴや果物といった答えは適切で、植物の実という答えはこの場合適切ではない。それは問いとデータベースの性質に依存している。

食べられるかどうかは、自然のものを食べて生きていかなくてはならないわれわれにとって切実な問題だし、そこから派生して「おいしいのか」という問いも重要になってくるだろう。そして、それを問う場合に都合が良いように、インデックスは編成されている。

日本語において、いくつかの種類の魚類の卵には名前が付いているのに（イクラ、数の子など）、骨や鱗には（少なくとも一般の人に広く知られるような）名前はついていないのはそのためだろう。それは、「食べられるのか」とか「おいしいのか」とか「どう調理すればよいのか」といった問いについての知識データベースを検索するためのインデックスとして必要とされているのだ。

記述の言語ゲームに話を戻すと、これは、環境に関する情報（外界に関する情報だけでなく、自らの状況に関する情報も含むだろう）を、言語によって構成された知識に接続する働きを持っている。その意味では、記述の言語ゲームがなければ言語的ないとなみの多くが不可能になってしまうので、最も基本的な言語ゲームだと言えるだろう。

ただ、記述の言語ゲームに依存しているのは、基本的には質問・応答の言語ゲームだけである。命令・行為の言語ゲームは、記述の言語ゲームと全く無関係とは言えないものの、志向性という点においてかなり違った性質を持っており、「言葉の意味」という点についての独立性が高いと言える。これは、言語というものの理解においてかなり重要な点だと思うので詳しく説明したい。

〈命令・行為の言語ゲームと記述の言語ゲーム〉

まず、命令・行為の言語ゲームと対比させているのが、質問・応答の言語ゲームではなく、（その一部である）記述の言語ゲームであるという点に注意をしてほしい。

記述の言語ゲームは、「これは何か」という問いに答えることによって、何らかの対象物と言葉を結び付ける、あるいは対象物に対応する言葉を作りだす働きをしている。

しかし、そのようにして結び付けられた、あるいは作りだされた言葉は、命令・行為の言語ゲームで用いられる言葉とは、ある重要な違いがある、というのが今から説明したいことだ。

例として取り上げるのは、野球の投球で使われる球種に関する言葉だ。多くの球種があるようだが、ごく基本的な球種の一つである「カーブ」を選ぶことにする。

このような言葉は、どういった言語ゲームで使われるだろうか。もちろん考えようによってはあらゆる言語ゲームで使われる可能性があるのだが、「野球」という言語ゲーム、もしくはその部品としての言語ゲームの中でどう使われるのかを考えたい。言い方を変えれば、野球というスポーツをしている人は、どのような場面で球種に関する言葉を「使う」のか、ということだ。ここで、「使う」というのは必ずしも発話する必要はなく、頭の中で言葉を思い浮かべることを含んでいる。このように考えると、おのずから場面は限定されるだろう。典型的には二種類の言語ゲームの中でこの言葉は使われているはずだ。

一つはピッチングというゲームの中で球種に関する言葉は使われる。ピッチャーはキャッチャーとサイン交換をしながら次に投げる球種を決める。そして、カーブだと決まれば、「カーブを投げよう」と意識して投球をする。この時、カーブという言葉を使わなければ（思い浮かべなくては）決してカーブを投げることはできない。それは、「カーブを投げる」という言葉が投球動作を方向づけているからだ。

もう一つは、バッティングというゲームである。バッターは打席に立ってピッチャーが投球するのを待ち、投げられた球を打とうとするのだが、その際に、まずピッチャーが次にどの球種を投げようとするのか予測したり、投げられたボールが手元に届く前に球種を見極めようとしたりするだろう。そして、カーブだと予測したり見極めたりすることができれば、それに合わせた打ち方を試みる。

バッティングは、カーブという言葉を使わなければできないということはない。ボールの軌道の予測が瞬時に的確にできて、それをうまく打ち返す技術と筋力があれば、カーブという言葉を知らなくても打撃はできるかもしれない。しかし、おそらくほとんどの選手にとって、カーブという言葉（あるいはその他の球種を示す言葉）は打撃の役に立つだろう。投げる前に、あるいはできるだけ早くにカーブだと予測・見極めできれば（この時には言葉は必要だ）、打撃の成功確率は上がるに違いない。

つまりバッティングの方でカーブという言葉が用いられるのは、「球種を見極める言語ゲーム」である。言うまでもなくこれは、「これは何」という問いを持つ、記述の言語ゲームである。そして、その答えの一つとして、カーブという言葉が使われるのだ。

命令・行為の言語ゲームである投球のゲームと、記述の言語ゲームである球種を見極めるゲームの双方で、カーブという言葉が使われていることを確認したが、では、それぞれで使われるカーブという言葉の意味は同じなのだろうか。

「意味」というについての詳しい考察は第3章で扱う予定だが、ここでは、ピッチャーとバッターそれぞれがカーブという言葉をどのようなものと理解しているのか、という観点で考えてみよう。そうすれば、答えはわりと単純だろう。

ピッチャーにとってカーブとは、ある方向に回転をかけながら投げる球だ。それが分かっていなければカーブを投げることはできないだろう。バッターにとってカーブとは、曲がりながら落ちる遅い球、といった理解がなされているだろう。それが分かっていれば、打撃の際に役立つだろう。

では、バッターにとって、回転をかけながら投げる球、という理解は必要ないのだろうか。また逆に、ピッチャーにとって、曲がりながら落ちる遅い球、という理解は必要ないのだろうか。例えばバッターが、カーブの投げ方まで詳しく知っていれば、腕の動きから球種を見極める際に参考になるだろう。また、ピッチャーがカーブはバッターから見てどのように見えるのかを熟知していれば、投球を組み立てる際の参考になるだろう。しかし、それらは必須の知識ではない。カーブの投げ方の特徴から見分け方を考案するのは誰かほかの人にやってもらってもいいだろうし、投球の組み立てはキャッチャーにすべて任せてしまってもいい。これらは基本的に、相手の側の見方も分かっていればより有利になる、ということであって、本来のカーブという言葉の意味は、ピッチャー側とバッター側で異なっているのだ。

もしかしたら、カーブについての議論は分かりにくかったかもしれない。それはおそらく、「意味の違い」ということがピンと来ないからではないかと思う。そこで、そろそろ読者は予想しているかもしれないが、

ＡＩの場合はどうなのか、コンピュータプログラムで考えてみたいと思う。

ここで取り上げるのは、「＝」という記号、つまり等号である。これは「等しい」という意味であることは誰もが知っていると思うが、実は、この記号が実際にコンピュータプログラムの中で用いられるときには、大きく分けて二種類の使われ方がある。

一つは、代入である。例えばプログラムの中でｘ＝３と書けば、ｘという変数に３という数値を代入することを意味する（プログラム言語によって書き方は多少変わる）。数学でも使用する使い方なので、理解しやすいだろう。

もう一つは、二つの数値を比較して等しいかどうかを判断する、一種の関数として「＝」という記号は使われる。例えば、「if x=3 then…」と書いてあれば、「もしｘが３と等しければ、then 以下を実行する」という意味になる。より詳しく説明すると、if という記号の後には真偽を判定する式（関数）が置かれ、それが真または偽という結果を出力する。そして、真であった場合のみ、then 以下が実行されるという仕組みなのだ。

つまり、同じ「x=3」という式であっても、文脈によっては代入という意味になり、別の文脈では比較という意味になるのだ。実際多くのプログラム言語では、この違いを明確にするために、両者に異なる記号を与えている。例えばＣ言語やその系列では、代入を「＝」、比較を「＝＝」と表記する。もうお分かりだと思うが、代入は命令・行為の言語ゲーム（代入せよという命令）であり、比較は質問・応答の言語ゲーム（等しいのかという問い）だ。

しかし、私たちが数学の問題を解くときには、両者の記号を区別しない。「ここで x=3 とすると」というのは、xに3を代入してみるということだろうし、「もしx=3ならば」という場合には比較をしているのだろう。この両者で「=」の意味が違うと言われればそうかもしれないが、あえて違いを意識しなくてもあまり違和感のないレベルなのではないだろうか。おそらくは、「等しい」という意味さえ理解できていれば、「等しくする」という意味の代入も、「等しいかどうか」を問う比較も、あまり意識せずに応用してしまえるのだろう。これは私たちの言語感覚が素晴らしいということなのかもしれない。しかし、コンピュータの場合は明確に区別しなければ動かない。実際、両者は全く異なる手順を要求しているわけだから。

ここでもう一度カーブについての議論に戻ってみよう。等号について説明したことをふまえると、ピッチャーとバッターが「カーブ」という言葉について同じ意味で理解していると受け止めてしまっても不思議ではないことが分かる。等号をほとんど意識せずに代入や比較という意味に使い分けることができる私たちの能力は、カーブという言葉においても発揮され、ピッチャーにとってのカーブとバッターにとってのカーブの違いを曖昧にしているのだ。しかし、複数の球種を投げ分けるピッチャーロボットや様々な球種を打ち返すバッターロボットを作ろうとすれば、カーブという言葉を全く違った意味で解釈させなくてはならないだろう。

これまでの考察から、私は以下のような結論を読者に提示したいと思う。
まず、あらゆる言語活動は、言語ゲームという単位で考える必要がある、ということだ。

言葉の意味は、それがどのような言語ゲームの一部なのかによって変わってしまう。それは文でも命題（これについては次章で説明する）でも基本的に同じだ。言語ゲームは言語活動の基本的な単位なのだ。

そして、どのような言語ゲームの一部なのかと問う際に重要なのが、命令・行為の言語ゲームと質問・応答の言語ゲームの違いである。言葉は、命令・行為の言語ゲームの命令の中で用いられれば、振る舞いを方向付ける力を持つ。そして、質問・応答の言語ゲームの答えの部分に現れれば、その言葉の意味は質問が持つ志向性に依存する。[9]

第１部の主要な部分はこれで終わりだが、これからさらにいくつか事例を取り上げて説明を続けたい。これは、ＡＩと人間の比較という本筋からはやや離れるのだが、二種類の言語ゲームの違いを理解するうえで有効だと思うので、ぜひ続けて読んでいただきたい。

〈二種類の言語ゲームの違いがもたらす帰結〉

二種類の言語ゲームの違いにさらについて考えるために、「勉強」という言葉について考えてみたい。取り上げ方のパターンはこれまでの事例とそれほど変わらないので、どのような展開になるのか、どういう結論に持っていこうとするのか、以下を読む前に考えてみるのも良いのではないかと思う。

勉強という言葉は、命令・行為の言語ゲームにも、質問・応答の言語ゲームにも表れる。命令・行為の言語ゲームにおける勉強という言葉は、「勉強しなさい」という指示・命令であったり、「勉強しよう」という意志・決意など、私たちの振る舞いを方向付ける志向性を作りだしたりする。私たちは勉強という言葉の持つ志向性に導かれて、教科書・参考書を読んだり、問題集を解いたりする。

一方、質問・応答の言語ゲーム（記述の言語ゲーム）において勉強という言葉は、「何をしているのか」という問いに対する「勉強している」という答えや、「この人は勉強をしているのか」という問いとして現れる。ここで注目したいのは後者である。前者の問いは、様々な場面で問われ、問う人が特に限定されないが、後者の問いは、かなり状況が限定される問いだと考えられるからだ。典型的には親や教師が生徒・子どもに勉強させようとしているときに、ちゃんと勉強をしているかどうかを確認する言語ゲームとして現れる。

この二種類の言語ゲームは、異なる志向性を持つ。勉強するという命令・行為の言語ゲームの志向性は、何らかの知識や技術を身につけることであるのは明らかだ。そしてそのための手段として参考書を読んだり問題を解いたりするわけだ。一方、勉強しているかどうかを確認するゲームの志向性は、勉強しているかどうかを判定することにある。そのために、問題を解くなどの特定の活動をしているかどうかを目で見て確認したり、活動の痕跡（宿題など）をチェックしたり、試験を実施したりする。

この二つの言語ゲームの関係は、勉強する言語ゲームが主であり、勉強しているかどうかを判定するゲームが従であることは明らかだろう。勉強する必要がないのに、勉強しているかどうかをチェックする必要はないのだから。

しかし、何らかの原因でこの関係が逆転することがある。勉強をするというゲームの志向性が勉強しているかどうかを判定するゲームに依存してしまうのだ。「勉強する」ということは先生に叱られないことを志向するゲームだ。だから友だちのノートを丸写しして宿題として提出しても勉強したことになる。一定時間机に向かってさえいれば勉強したことになる。問題集を解いてさえいれば勉強したことになる。これは外形的な基準を満たすことが志向性になってしまっているわけだ。

あるいは、勉強するということは試験で良い成績をとることだ、という考え方もあり得る。これについては、その通りじゃないか、どこが間違っているのか、と受け止める人もいるだろう。しかし、学校の定期試験などの「本来」の意義は、勉強という活動のための「手段」であり、それ自体が目的ではないはずだ。大学の入学試験などは、それを目的として勉強せざるを得ない現実が確かにあるわけだが、本来は勉強するための資格試験であり、勉強といういとなみの一部であるはずだ。

このように、何らかの命令・行為の言語ゲームと、それが十分に行われているかどうかを確認する言語ゲームの主従関係が逆転してしまう、ということは、勉強以外でも様々な場面で生じる可能性がある。そしてその結果、もとの命令・行為の言語ゲームがゆがめられてしまうのだ。言語ゲームという概念は、このような状況を理解するためにも役立つだろうと思う。

この章の最後にもう一つ取り上げたいのは、「犯罪」という言葉だ。言語ゲームという観点から考えると、犯罪という言葉は勉強という言葉と全く違った性質を持っている。その違いについて考察してみたい。

勉強という言葉は命令・行為の言語ゲームでも、質問・応答の言語ゲームでも用いられる。行為を表す多くの言葉についても同様だ。しかし、犯罪という言葉は基本的には質問・応答の言語ゲームでしか使われない。

ある行為が犯罪であるかどうかを判定する言語ゲームは社会にとって非常に重要なゲームである。警察や裁判所など、そのゲームを扱う組織もある。しかし、「犯罪をする」という言語ゲームは基本的には存在しない。

世の中には実際に犯罪を「して」捕まった人が山ほどいるのに、どうして「犯罪をする」という言語ゲームが存在しないと言えるのか。この問いにすんなり答えられた人は、これまでの説明をかなり理解していると判断できるので、少し考えてみてほしい。

犯罪をするという言語ゲームが存在するなら、それは犯罪という言葉に方向づけられた言語ゲームということになる。つまり、いくつかの選択肢があったとき、より犯罪であるほうを選び、どれだけ犯罪なのかを評価基準として振る舞いをデザインしていく。そのようなゲームが犯罪をするというゲームだ。特殊な事情でそのようなゲームをする人（例えば食うに困って刑務所に入りたいと思い、犯罪にあたる行為をするとか）が全くいないわけではないが、犯罪をしてしまう人の大部分は該当しないはずだ。

人を殺すという言語ゲーム（これは楽しんで人を殺すという意味合いではないし、殺人を軽く考えているわけでもない）は存在するだろう。誰かを殺したいと意図し、どうすればより確実に死に至らしめるのかを考えるということはあり得るだろうから。同様に盗むという言語ゲームも、だまして金品を巻き上げるという言語ゲームもある。これには、それぞれ独自の技術や方法論がある。しかし、犯罪一般の技術とか方法論というものはあり得ない。

このように、犯罪という言葉は基本的に、質問・応答の言語ゲーム（記述の言語ゲーム）専用の言葉なのだ。

しかし、犯罪をする言語ゲームをしていないことが明らかであっても、「犯罪をした（犯した）」という言葉は使われる。このとき、ある認識のギャップが生じてしまうのではないかと思う。このギャップが典型的に現れるのが（これ自体が犯罪ではないが）「セクハラ」である。

セクハラもまた、質問・応答の言語ゲームでのみつかわれる言葉だ。「セクハラする」という言い方はあるが、実際にセクハラという言葉に方向づけられてセクハラをする人はいないだろう。正当化できるかどうかはともかく、他の様々な動機によって生じた行為が結果としてセクハラと判定されたのだから、加害者は「セクハラをした」とは思っていない。しかし、「あなたはセクハラをした」と訴えられることによって、あたかも自分が意図的にセクハラをしたのだと訴えられているようにうけとめ、反発をしてしまう。自分は「そんなつもりではなかった」と。

セクハラという行為（言語ゲーム）が存在するのではない。ある行為がセクハラであると判定されるのだ。犯罪も同様、犯罪という行為が存在するわけではない。

こういったことは、おそらくは、言葉の使い方で改善できる問題なのではないかと思う。そのためにも、言語ゲームという概念が役立ってくれればよいと願っている。

補論1　ブランダムの推論ゲーム

言語ゲームという言葉がウィトゲンシュタインという哲学者の考えに由来することは、第1章でも説明した通りである。しかし、本書で使用する言語ゲームという概念は、ウィトゲンシュタインのそれとは必ずしも同じではない。そのためウィトゲンシュタインの言語ゲームと本書のそれとが、どのように異なり、どのように関連しているのかを説明する必要があるだろう。

ウィトゲンシュタイン自身は言語ゲームという概念に明確な定義を与えていない。しばしば引用されるのは、「『言語ゲーム』という語は、ここに於いては、言葉を話すという事は人間の活動の一部である、或いは、生活の形式の一部分である、という事を際立たせるためのものである[10]」という一文であるが、これだけでは何のことなのか分からない。また、この引用部分の直後にウィトゲンシュタインは様々な「言語ゲーム」を列挙し、その多様性を示そうとするが、「命令を与える、命令に従って行動する」「或る対象を、観察し、或いは、測定して、記述する」「或る物を記述（設計図）に従って作る」など、このリストには本当に様々なものが含まれていて、そこに共通点を見出すことは難しい（むしろ共通点などないのだと言いたいのだろう）。そして、挙句の果てには、「家族的類似性」なる概念を創りだして、意図的にその言葉が指し示す対象をぼやけさせている。

それゆえ、言語ゲームという言葉はウィトゲンシュタインの思想を語る際に欠かせないにもかかわらず、その概念自体に徹底した検討がなされることはなく、主要な論点にもなってこなかったように思う。

しかし近年になって、言語ゲームという概念により明確な形を与え、それを理論的ないとなみを支える重要な道具立てとして使用するような研究が出現している。それがロバート・ブランダムの「推論の言語ゲーム」である。この補論では、この言語ゲームとその背景にあるブランダムの思想を説明し、本書の立場との異動を明らかにしたい。

ただ、最初に断わっておかなくてはならないのは、私自身は哲学を専門としているわけではないので、ブランダムの著作を、その思想的背景も含めて正確に理解しているとは言い難いし、なにより哲学者の問題関心と社会学者である私の問題関心はその出発点からして違っている。ブランダムにとって、意味論は探求すべき重要課題であろうが、私にとっては直接関心のある論点ではない。私が明らかにしたいのは、人びとの〝いとなみ〟なのだから。このため、これから書くブランダムについての説明は、特に哲学を専門とする人からは、一部分だけを過剰に取り上げ、外在的な視点で評価したものだと見なされるものだろうと思う。本書の目的からすればそれは理由のあることだと私は考えているが、より包括的なブランダムの解説や公正な評価を知りたい人は他の書籍などをあたってほしい[11]。

ブランダムは、あらゆる言語的実践の中で、推論が特権的役割を持つと考える。ブランダムの考える推論とは、「理由を与え求める実践」という表現が使われることから分かるように、ある主張が別のある主張に理由を与えるという関係になり、またある主張が理由を必要とする(理由を求める)ことによって他の主張へとつながっていく、というように、主張と主張が、理由を与え求めるという関係によって連なることによって出来上がっている。

ウィトゲンシュタインは、全ての言語的実践が言語ゲームであるかのように語ったわけだが、これに対してブランダムは、推論こそが中心的な言語的実践であるという考え方から、言語ゲームというものの範囲を非常に限定的にとらえているように見える。そのため、ウィトゲンシュタインが考える典型的な言語ゲームとしてしばしば参照される石工の言語ゲーム[12]は、「真正の言語ゲームと見なされるべきではない」とまで述べているのだ。[13]これは、この言語ゲームが推論という実践を含まない（単純な命令に行為が結びついているだけ）ためであり、そのような実践は「言語的ではない」と見なしている。このように、推論という実践に特権的な地位を与えていることが、ブランダムの推論の言語ゲームの第一の特徴である。

推論の言語ゲームは、主張をいわばゲームの指し手とし、それが理由を与え求めるという関係で連なっていく言語ゲームだ。このとき、ある主張をした（主張という指し手を打った）人は、そのことについて責任を負う。ブランダムはこれをコミットメントという言葉で論じている。主張をするということは、その主張にコミットするということなのだ。そして、ある主張にコミットするということは、その主張と矛盾する主張ができない（コミットすることができない）、ということを意味する。これは、主張と主張の関係は、単なる論理的な関係なのではなく、規範的関係であるということを意味している。このように、ブランダムが描く推論の言語ゲームとは、ルールに基づいて人々がプレイする、まさに「ゲーム」のイメージで捉えることができるようなものなのだ。推論の言語ゲームはルールに基づいたものであり、規範性を持つ。これが推論の言語ゲームの二つ目の特徴だろう。

最後に指摘する特徴は、他の二つと比べればそれほど重要なものではないのかもしれない。それはおそらく、ブランダムの推論ゲームの特徴というよりは、分析哲学以降の英米系哲学に共有されている考え方だと思うからだ。しかし、本書との比較においては無視することができないので、簡単に触れておきたい。

それは、主張の内容は命題でなくてはならないということだ。命題というのは真偽の判断の対象となる単位であるから、ブランダムの推論は、基本的に真偽に関わる主張によって構成される。ブランダムは推論のプロセスについては形式的な推論だけでなく実質的な推論（例えば「ピッツバーグはプリンストンの西にある」から「プリンストンはピッツバーグの東にある」への推論のように、概念の意味を考慮した推論）を認めており、その意味ではより現実的で柔軟な考え方を採用しているように見えるのだが、それに比べると、主張の内容を命題的なものに限定するのは、やや形式的な考え方であるように思える。
以上、ブランダムの推論の言語ゲームの特徴を、推論の重視、規範性、命題的内容の三点に整理したわけだが、これらそれぞれについて、本書の主張との関係を明らかにしたい。

まず、最も重要なのが推論の重視という特徴である。本書の立場は、推論を言語活動の中心に置くという点については、大きな違いはないと思う。本書でこれまで、「方向づけられている」という言葉で説明してきたことは決して受動的な振る舞いなのではなく、方向を指し示され、その方向に向かって進むように「努力する」という主体的ないとなみだ。そしてそのためには、何らかの「推論」が行われているはずだろう。実際、ブランダムは（伝統的な用法に従って）推論を理論的推論と実践的推論に分けて説明しており、これらはそれぞれ、質問・応答の言語ゲームと命令・行為の言語ゲームに相当すると考えられる。

しかし、本書での言語ゲームの考え方と、ブランダムの考える推論の間には、極めて大きな違いも存在している。それは、本書の立場から見ると、ブランダムの考える推論には志向性が欠如している、ということだ。

ブランダムは推論を「ルールに基づいてプレイするゲーム」のようにイメージした。しかし、ルールが分かるだけで推論の言語ゲームはプレイできるのだろうか。ある主張から論理的に帰結できる主張は無数にあるだろうが、その中からどのような基準で最適なものを選べばよいのだろうか。

これを例えるなら、将棋を教わる人が、コマの動かし方に関するルールだけを教わって、最終的に相手の王（玉）を取るという目的を教わっていないような状態だと思う。ある盤面から、次に打てる手は何なのかということは分かるが、その中からどれを選べばよいのか分からないからだ。

日本の哲学者の中にも、この点について指摘している人がいる。「問答論理学」を専門の一つとする入江幸男氏は、ブランダムが実質推論の例としてあげている「雨が降っているので、通りは濡れるだろう」という事例について、雨が降っているという前提からは「屋根が濡れるだろう」とか「車が濡れるだろう」といった多数の結論が導かれるはずなのに、「通りは濡れるだろう」という結論だけが選ばれたのは、それを導いた「問い」があるからだと論じている。[14]

私も入江氏の見解に賛成である。推論は確かに問いによって導かれる。ただ、それはあくまで理論的推論についてであり、（ここは入江氏と見解が分かれるところだが）実践的推論の場合は、推論を導くのは「命令」であり、両者は志向性を与えるという点で共通しているというのが、私が考える言語ゲームなのだ。

次に、推論の規範性についてだが、これについて私はほぼ全面的に同意できると思う。推論は確かに規範性を持つ。それゆえ、推論（本書では言語ゲーム）は責任を伴うことになると、本書では考える。この論点については、第5章で詳しく説明したい。

そして最後に、主張が命題的内容を持つことについてであるが、これは、推論というプロセスはどのようなものなのかということと関わっている。

ブランダムは、推論の言語ゲームを「理由を与え求めるゲーム」であると位置付けている。そして、ここでの理由というものは主張と同様に命題的内容を持つ、すなわち真か偽かで評価されるものである。ということは、ブランダムの考える推論は、基本的に真偽を基準に展開されるものに限定されてしまう。少し分かりにくいと思うので、具体例で考えてみたい。

傘は必要か？（質問）
雨が降っている（理由）
傘は必要だ（結論）

これは、本書の言葉では質問・応答の言語ゲームということになり、「質問」を除いた、「理由」と「結論」の関係は、ブランダムが認める推論（実質推論）である。「雨が降っている」も「傘は必要だ」も命題的内容であり、真偽で評価することができる。つまり、このような推論ないしゲームならば、ブランダムの議論と整合性がある。

しかし、私たちが実際の生活の中で様々な判断をするときには、もっと柔軟な判断をすることがある。「雨は降っているが、これくらい弱い雨なら傘は必要ないだろう」といった判断が行われる可能性もあるのだ。その場合、「雨が降っている」という理由は真か偽かのみで判断されるようなものではなく、雨量という、量的に判断される概念として扱わなくてはならなくなる。

さらに、実践的推論（命令・行為の言語ゲーム）の場合は、しばしば最適な方法の選択が必要になるが、この課題を解決するには、「比較」が行われる。例えば駅まで行くために、徒歩かバスに乗るのかを選ぼうとしているときには、それぞれの時間を計算し、早い方を選ぶかもしれない。

駅まで行こう（命令）
徒歩だと30分かかる（理由１ａ）
バスだと25分かかる（理由１ｂ）
バスの方が早い（理由２）
バスで行こう（結論）

この例の場合、「バスの方が早い」は真偽で判断できる命題であるが、理由１はいずれも真偽が問題なのではなく、時間という量的概念が判断に用いられている。

以上のように、主張は命題的内容を持つという限定は、私たちの実際のいとなみを考えるためには強すぎる限定であり、現実的ではないと私は考えている。

最初にも書いたように、私のブランダムの評価は、社会学という視点からの外在的なものであり、なおかつ推論の言語ゲームという点だけに絞ったきわめて部分的なものだ。そのため、かみ合った議論にはならないかもしれない。

しかし、全く見当違いの評価であったとしても、それが刺激になって思わぬアイデアを生むかもしれない。少なくとも私は（賛同できない部分があったとしても）ブランダムの議論から刺激を受けたと思うし、本書の主張のいくつかは、それが発想のきっかけになっている。そういう意味で、このコラムは無駄にはならないだろうと信じている。

補論２　方向づけとアバウトネス

本書のキーワードの一つである「志向性」は、現象学や心の哲学などで使われている「志向性」という概念とは意味が異なる。そのため、哲学における志向性についてご存知の読者は相当な違和感を持たれたのではないかと思う。この二つの「志向性」概念の関係について整理することは容易ではなく、そもそも生産的な議論になるかどうかも疑わしいと思うが、それでも全く手をつけないわけにもいかないだろう。

まず、哲学における志向性概念についてごく簡単に説明しておこう。

19世紀の哲学者であるフランツ・ブレンターノは、意識は常に「何かについて」の意識であると主張し、その性質を「志向性」と呼んだ。私たちは、何かを望んだり、何かを信じたり、何かを考えたりするのであり、このように何らかの対象を持つことが志向性ということなのだ。この意味での志向性を、「何かについて」とか「対象を持つ」という表現ではなくもう少しコンパクトに表したいのだが、「について性」といったあまりこなれない日本語しかないようなので、本書では「について性」と翻訳された英語表現をそのままカタカナにして、「アバウトネス」と呼ぶことにしたい。これに対して本書における志向性は「方向づけ」なので、方向づけ／アバウトネスという対比で考えていくことになる。

アバウトネスとしての志向性は、現代のこころの哲学においても、心的現象の特徴であると考えられている。[15]そのため、ＡＩと人間を対比させる際にも、アバウトネスとしての志向性は、重要な論点になっている。

現代哲学において志向性を取り上げるときに、しばしばそれと関連して言及されるのが、表象という概念である。

表象とは、本書でも少し触れたが、言語などが何かを「表す」ことを指しており、志向性という論点と密接にかかわっている。

現代哲学における志向性や表象（それに言語も関わってくる）をめぐる議論は非常に錯綜しており、それをコンパクトに整理することなど、とても私の手に負えるものではない。そして何より、それらアバウトネスをめぐる議論と本書での方向づけを前提とした議論は、おそらく全くかみ合わないのだろうと思える。それは、出発点となる問いが共有されていないからだ。

ブレンターノなどの現象学者やサールなど心の哲学を展開する人たちの問いは、基本的に、精神、心、あるいは心的現象とは何か、どのようなものか、ということだろう。そして、そのような問いの中から、アバウトネスという性質は特別な意味のあるものとして提起されたのだろうと思う。しかし、私が本書の議論を進めるために依拠している直接的な問いは、そのようなものではない。私は、私たちが「どのようにして」何かをなしているのかを明らかにしたいのだ。そして、そのためには方向づけられているという性質が重要視されねばならないのだ。

この違いはなかなか分かりにくいと思うので、「思考」を例にして説明したい。

思考というものがアバウトネスという性質を持つことは明らかだろう。私たちは何かについて考えるのであって、対象を持たない思考というものは成立しない。そして、そのことを思考という心的現象の特徴だと考えることもできるだろう。しかし、私が本書で問題提起しているのは、私たちは「どのようにして」思考しているのか、ということだ。

例えば、「雲」について考えてみてほしいと言われれば、あなたは雲について思考することができるだろうか。雲の画像を頭の中に描いてみることができたかもしれないが、それが思考なのだろうか。一方、「雲はなぜ空に浮かんでいて地面に落ちないのか考えてみてほしい」と言われればどうだろうか。この場合は、あなたが持っている知識を活用して、あるいは、本やインターネットなどで雲についての情報を集めて、何らかの答えを出せるだろう。これは十分に思考に値すると思うのだがどうだろうか。

両者の違いは、後者には問いがあり前者にはそれがない、ということだ。後者もまた雲についての思考であると言えるので、アバウトネスという性質を持っているのだが、それに加えて、思考というういとなみを方向づける問いも与えられている。だから私たちは動き出すことができるのだ。

心的現象はどのようなものなのかという特徴づけを考えるのであれば、アバウトネスは確かに論点になりえるのだろう。しかし私は本書で、私たちのいとなみがどのようにしてなされているのか、思考であれば、私たちはどのようにして考えているのかを明らかにしたいのだ。

ＡＩと人間との比較という課題においても、アバウトネスとしての志向性や表象という性質を論点にした考察は多くなされている。例えば、ＡＩは（アバウトネスとしての）志向性を持ち得るのかどうかといった切り口での議論だ。

私は、それらの議論について正当に評価できる自信はないが、あえて、必ずしも（哲学の）専門家ではない立場からの印象を述べさせてもらえば、解釈次第でどちらともとれるような議論に終始しているように思えて仕方がない。はたしてそのような切り口で、ＡＩがどこまで人間に近づけるのかという問いに答えることができるのだろうか。

何の根拠も提示せずに「どちらともとれるような議論」という印象を語るのは少々乱暴だと思えるので、一つだけ例を挙げて説明しておきたい。サールによる著名な思考実験「中国語の部屋」である。[16]

周囲から隔絶された小部屋の中に中国語をまったく理解できない人が閉じ込められている。この人は外部と紙に書かれた記号（中国語の漢字）によってやりとりをするのだが、この人は中国語を知らないので、外部から与えられた記号に、部屋の中にあるマニュアルに従って機械的に記号を書き加えて、外部に返す。これを外部から見ればは、中国語の質問に中国語で答えているように「見える」というわけだ。このようなことが現実的に可能かどうかはいったん脇に置いて、サールが言いたいのは、中にいる人は中国語を知らず、したがって記号の「意味」を理解していないにもかかわらず、マニュアル通りにやり取りすることによって、外部から見れば中国語で会話しているように見える、ということだ。そしてそこから得られる含意は、たとえ人間と会話できるＡＩ（この例では小部屋の中にいる人とマニュアルがそれに対応している）ができたとしても、そのＡＩは意味を理解しているとは限らず、「強い」（人間と同等に思考できる）人工知能とは言えない、ということだ。サールがこのような問題提起を行う背景にはもちろん、（アバウトネスとしての）志向性が、ＡＩと人間との差ではないかという考え方がある。言葉が意味を持ち何かを表象するということが、この場合の志向性であり、それが確認できなければ人間と同等ではないということなのだ。

私としては、もし本当にそのようなマニュアルが作成可能で、外部から見ると質問に完璧に答えているように見えるのなら、そのことをもって意味を理解しているととらえようが、それでも意味は理解していないととらえようが、率直に言ってどっちでもいいような気がする。私にとって、それよりもはるかに重要な問題は、そのようなマニュアルが作成可能なのか、ということなのだ。そもそも、そのようなマニュアルが（原理的に）作成可能でなければ、サールの問いは成立しないのだから。

では、マニュアルが作成可能かどうかという問いに対しては、どのような切り口から考えていけるだろうか。私の答えは、私たち自身が「どのようにして」質問に答えているのかを考えればよい、ということだ。そして、そのような考え方を進める際に必要になると私が考えているのが、方向づけとしての志向性である。

アバウトネスとしての志向性を重視する立場では、知覚や欲求や信念などを志向的状態として位置付ける。そこで、それらのうちいくつかを取り上げ、方向づけを重視する立場ではどのように考えるのかを説明したい。取り上げるのは、信念と欲求と意図であるが、それらについては、アバウトネスと方向づけとで全く違った見方をすることになる。その違いを明らかにすることは、本書をより深く理解するために役立つと思う。

まず信念について考えてみたい。信念はアバウトネスの立場では志向的状態の一つである。何らかの信じる対象(命題としての形を持つとされる)がなければ信念というものは存在しえないのだから、これは当然だろう。私はそのこと自体に別に異を唱えようとしているわけではない。

では、方向づけの立場ではどうなるのか。方向づけという考え方は、私たちのいとなみについて考えるためのものであるが、信念についていえば、それ自体は志向的ないとなみではない。これは少し分かりくいかもしれないので、例を挙げて考えてみよう。

私たちは何かを信じているとか、何かについて信念を持っているという状態を想定することができる。例えば目の前にリンゴがあるということを信じている、というのはどういうことなのか分かるし、信じているかどうか問われれば答えることもできるだろう。しかし、信じるということを意識的にしようと思っても、できないのではないだろうか。目の前にリンゴがあるということを信じてみてください、と言われても、どうすればよいのか分からないだろう。つまり、信じるというのは、基本的に「信じている」という状態を表す言葉であって、何らかのいとなみを表す言葉ではないのだ。[17]

信念それ自体が志向的ないとなみでないなら、信念というものは、何らかの志向的ないとなみ(言語ゲーム)の一部として現れ、そこでなんらかの役割を果たすと考えられる。例えば、何かを信じてよいのかを問う言語ゲームの答えとして、信ずるに足るという答えが得られたのなら、その答えが維持されている限り「信じている」と言えるのだろう。そして、信じているという答えが、別の言語ゲーム(方向づけられたいとなみ)を解決するために使われるのだ。私の関心は、信じているというのがどのような状態なのか、ということにではなく、どのようにして信じてよいのかどうかという問いに答えを出すのか、そしてその答えが別の言語ゲームでどのように使われるのか、ということにあるのだ。

欲求もアバウトネスの立場では志向的状態であるが、方向づけの立場では、それ自体が志向的ないとなみではない。このことは信念との類推ですぐに分かるだろう。私たちは何かを欲しているという状態を想定することができ、何を欲しているのかと問われれば答えることができるが、何かを欲しなさいと言われてもどうしてよいのか分からないのだ。

欲求も信念と同じように、欲求を問う言語ゲームの答えとして存在する。私たちは、飲食店でメニューを選ぶときや、服やアクセサリーなどを買う時などに、私は何（どれ）を欲しているのかと自分に問うことがあるし、それが（本当に）ほしいのかどうかを問うこともあるだろう。そしてその結果得られた答えが欲求ということになる。また、その答えが他の言語ゲームで用いられる点も、信念と同様だ。

欲求が信念と異なるのは、言語化されない欲求というものが考えられるということだろう（言語化されない信念というものは基本的にあり得ない）。例えば夢中になって何かを食べた後で、私はこんなにもおなかがすいていたのか（これが食べたかったのか）と気づく、といったように、欲求が原因となって何らかの行為がなされたにもかかわらずそのことに自覚的ではなく、事後的に欲求があったことに気がつく、ということがあり得るということだ。このことは、第6章での議論と関わるので覚えておいてほしい。

意図もまた、それ自体が志向的ないとなみではない。そして、意図を問う言語ゲームが想定できることも、信念や欲求との共通点だ。見知らぬ他人が突然あなたの前に立ちふさがってそれ以上進めないようにすれば、あなたはその人に「意図」を問いたくなるだろう。そして、この場合の「意図を問う言語ゲーム」は、あなたが相手の行為にどう対応するのか（従うのか抗うのか無視するのか）を決めるための材料を提供する。また、何らかの意図があったかどうかを問う言語ゲームも重要だ。私たちは、誰かの手が自分に当たって痛かったときに、それが意図的だったのかどうかを知りたいと思うだろう。そして、その答えは、相手に対する対応につながるし、より深刻な場合は責任を問う言語ゲーム（裁判がその典型だ）にも用いられる。

以上のように、意図もまた、問われることによって意味を持つと考えられるが、それは基本的に他者の意図に限られるのではないだろうか。信念や欲求については、自分自身の信念・欲求も問いの対象になることは、すでに示した通りだが、意図については自分の意図を問うということは、基本的にあり得ないと私は考えている。それは、意図なしに行為というものは行われない（意図がなければ行為とは言わない）のであり、なおかつ、欲求と違って意図は必ず意識されていなければならないからだ。

例えば、駅まで行こうと思って（意図して）あなたは歩いている。しかし、道路工事をしていて、今歩いている道は先に進めないというときに、別の道を探して駅にたどり着けるのは、意図を意識しているからだ。そうでなければ、先に進めなくなったときにどうしていいのか分からないはずだ。

この説明を見て、同じような話が本書の中にすでに出ていたと気づいた方もいるかもしれない。その通り、これは志向性の説明そのものなのだ。本書の考え方では、（今説明した意味での）意図は志向性の別名の一つということになる。

以上のような説明は、信念や欲求や意図といった論点について、十分な見通しを与えるものでないことは言うまでもない。ただここで理解してほしいと思ったのは、本書のアプローチがどのようなものなのかということだ。何について答えを得ようとしていて、どのような問いを立てているのか。そしてそのための道具立てとしてどのような概念を用いているのか。そういったことをある程度理解していただけたようなら、著者として十分に満足できる成果だと思う。

第2部　質問・応答の言語ゲーム

第2部では、「質問・応答の言語ゲーム」を扱う。

まず第3章では質問・応答の言語ゲームのうち最も基本的なものである「記述の言語ゲーム」を取り上げ、これが問いによって方向づけられた志向的ないとなみであることを説明する。

つづいて第4章では、これまでAIの弱点とされてきた、文や言葉の意味（を理解すること）について、本書独自の観点から解明を試みる。文や言葉の意味は、具体的な言語ゲームの中で考えていかなくてはならないというのが、本書の立場である。

最後の第5章では、言語ゲームに言及する言語ゲーム（確認の言語ゲームと評価の言語ゲーム）を取り上げる。これらの言語ゲームの問いに答えるには、社会的な解決が必要だというのが、第2部の最終的な結論である。

第3章　記述の言語ゲーム

質問・応答の言語ゲームは非常に多様であるが、その中で最も基本的なものは、記述の言語ゲームである。記述の言語ゲームが重要なのは、様々な対象を言語の世界に取り込む働きをしているからだ。例えば私たちは様々な対象物を感覚器官によって認識し、それを言葉で表現する。「これは何」という問いに「リンゴ」などの答えが与えられることによって、私たちは初めて、言語によって構成されている知識を利用することが可能になるのだ。

記述の言語ゲームは、物の名前を問うゲームに限らない。天候や景色などの状況を記述するゲームや、行為を記述するゲーム、感情や意志などの内面を記述するゲームや、想像上の存在を記述するゲームも考えられる。

これらが質問・応答の言語ゲームであるということは、次の二つのことを含意している。

まず一つは、これらが問いを起点にする能動的ないとなみなのだということだ。「これは何」という問いがなくては名前を得ることはできない。「この人は何をしているの」と問わなければ行為の記述はできない。「今の天気はどんなだろう」と問わなければ天気を記述できない。行為の記述や天気の記述はともかく、名前を得る言語ゲームに関しては、すぐには納得してもらえるとは思えない。この言語ゲームは言うならば「認識の言語ゲーム」であり、認識というものが言語ゲームだという主張には違和感のある人も多いだろう。そこで、この章ではまず認識の言語ゲームを取り上げ、その能動性を確認したい。

もう一つの含意は、これらが志向的ないとなみであるということだ。「これは何」という問いに対して、答えは機械的に一つだけ存在しているわけではない。いくつもの答えが考えられ、状況に応じてその中から適切なものが選択される。ということは、「これは何」という問いは物の名前を問うゲームだと表現したが、それは必ずしも適切だとは限らないということになる。もちろん、他の記述の言語ゲームについても同様だ。この章では、私たちが日常的に行う記述の言語ゲームをいくつか取り上げ、志向性という観点からそれらをより良く行うための技術を解説したいと思う。

〈認識の能動性〉

認識の言語ゲームについて考えていくために、まずＡＩの認識から始めたいと思う。といっても、映像や音声の認識は非常に複雑なので、最も単純だと言えそうな、パソコンのキーボード入力を事例として取り上げたい。

パソコンのキーボードで特定のキーを押せば、パソコンはそれを「認識」して、適切な反応をする。ワープロで文章を書いているのなら、そのキーに対応した文字を画面上に表示したりするわけだ。これは、パソコンというものが生まれたときから存在する、最も基本的な機能の一つだと言えるが、その仕組みはそれほど単純ではない。これは、例えば照明のスイッチを入れると照明が点灯する、といった仕組みとは全く異なる原理で実現されている。

何かのキーが押されると、押されたキーについての情報が直接パソコンの頭脳であるＣＰＵに送られるわけではない。実際には、まず、「キーが押された」という情報だけが送られる。この情報は「割り込み信号」と呼ばれている。この時はまだどのキーが押されたのかは伝えられないのだ。

割り込み信号を受け取ったＣＰＵは、実行中の作業をいったん中断し（後で戻るための準備をし）、割り込み信号への対応をする。例えばワープロで文章を作成中であれば、ＣＰＵはキーボードにどのキーが押されたのかを問い合わせ、それに対してキーボードがここで初めてどのキーが押されたのかをＣＰＵに伝える。以上のことを図で表すと次のようになる。

① キーボード　↓（割り込み信号）↓　ＣＰＵ
② ＣＰＵ　↓（問い合わせ）↓　キーボード
③ キーボード　↓（押されたキーの情報）↓　ＣＰＵ

これはキーボードだけでなく、他の入力装置、例えばマウスなどでも全く同じである。マウスを操作しても、どのような操作をしたのかがいきなり伝わるのではなく、まず割り込み信号を送り、それに対してＣＰ

Uからの問い合わせがあってから始めてどのような操作をしたのかが伝わるのだ。

どうしてこのような複雑な仕組みになっているのか。それはパソコンがいくつもの仕事を並行してこなすようにできているからだ。ワープロでの作業中、キーボードもマウスも操作せずに考え込んでいる時間は、パソコンは何もせずただ待機しているのかというと、もちろんそうではない。ハードディスクの稼働を示すLEDが点滅したりしていることからも分かるように、バックグランドでいろいろなことしているのだ。やや正確さを欠く表現かもしれないが、本書ではこれをマルチタスクと呼ぶことにしよう。

パソコンはマルチタスクであるため、キーを押したときにいきなりどのキーが押されたのかを伝えても対応できないし、仮に対応したとすると実行中の別の仕事に支障が出てしまう。

人間も基本的にマルチタスクなので、例えば人に何かを伝えようとするときに、いきなり要件を話し出すのではなく、「いまちょっといいかな？」などと話しかけ、相手がそのときしていることを中断して準備ができ、「いいよ、何かな？」などと答えてから初めて要件を話す。こういうことをパソコンも実行しているのだと考えてよい。

割り込み信号というのは、私たちが受動的に認識する際のプロセスを考えるときの一つのモデルになり得ると思う。

私たちは目を開けている間に視野に入るものすべてを「見て」いるわけではないし、耳に届く音声のすべてを「聞いて」いるわけでもない。ただ、視野に入るものの中に、あるいは耳に届く音声の中に、何か見るべきもの、あるいは聞くべき音を見つけたとき、私たちの脳の視覚や聴覚をつかさどる部分は、意識の中枢に注意を喚起する、一種の割り込み信号のようなものを送る。そのような信号を受けて、私たちは初めて何かを聞き、何かを見るのだ。

もし、割り込み信号のような仕組みがなければ、私たちは常にすべての音を聞き、目に入るすべての視覚情報を処理し続けることになる。それではまともにものを考えることも行動することもできなくなるだろう。

割り込み信号が発生した時、私たちがまずすることは、特定の音や特定の視覚対象に注意を集中することだろう。聴覚の場合は、耳に届くすべての音の中から特定の波形だけが抽出され、分析される。視覚の場合は、眼球や頭を動かして関心の対象を視野の中心でとらえ、焦点を合わせ、対象物と背景に分離する。そのうえで、あるいはそれと同時に、私たちは（パソコンと同じように）視覚や聴覚に対して問いを送る。これは何の音だ、とか（視覚に対して）これは何だ、とか。その結果、人の声だという答えが返ってきたときには、何と言っているのかと問うだろうし、（視覚が）人だという答えが返ってきたときには、それは誰だ、などと問うかもしれない。

これらの問いは十分に意識されないことも多い。人の声が聞こえたときは、何と言っているのだろうと問うまでもなく言葉として私たちは認識しているように思える。しかし、音量が小さかったり、雑音が多かったり、メディアなどの影響で音質が悪かったりしたときには、人の声だと分かるまで時間がかかったり、改めて何と言っているのだろうという問いを発することもあるだろう。人の声を聴くということは私たちにとってあまりにも頻繁に行うことであり、なおかつ非常に重要なので、問いがいわば自動化されているのだと解釈できる。もちろん、視覚についても同様のことが言えるだろう。聞くというのは単に音声が耳に届くということではなく、見るというのは単に網膜が光を感知するということではない。それは音や光を何らかの観点から分析し、言語的な答えを得ることだ。そのようないとなみを本書では質問・応答の言語ゲームと呼ぶのだ。

視覚や聴覚に関わる問いは非常に多様だ。聴覚であればやはり「何と言っているのか」という問いが重要である。音声に対してそのように問いかけることによって私たちは「言葉を聞く」ことができる。電話のように相手が見えない状態では、私たちはしばしば「誰の声だろう」と問う。その問いに答えることによって私たちは特定の誰かの声を聴くようになる。

突発的に大きな音がすると、私たちはすぐさま「何が起こったのか」と問う。それは危険の兆候かもしれないからだ。音だけで分からなければ、視覚など他の手段も使って何が起こったのかを突き止めようとするだろう。

視覚では、例えばものの色は常に見えているはずだが、見ているとは限らない。それは何色かと問うことによって（あるいは色の認識を必要とするほかの問いでも）、赤とか青とか薄い緑と言った言語的な答えを得ることができるわけだ。

認識は、それが言語ゲームであることによって、言い換えるなら、能動的であることによって、認識する側が主導権を得る。私たちは聞きたいことを聞きたいように聞き、見たいものを見たいように見ることができるのだ。

では、この点についてＡＩはどうなのか。最初にパソコンの割り込み信号の例を引き合いに出したように、認識が能動的であるという点については、人間もＡＩも全く同じである。両者の違いは、次の志向性という点にある。

〈記述の言語ゲームの志向性と「問いの先取り」〉

記述の言語ゲームも言語ゲームである限り、志向性を持つ。そしてその志向性を作りだすのは、「問い」である。まずこのことを、簡単な事例で確認しておこう。

誰かがこちらに向かって歩いてくる。この人のことをもう少し詳しく記述してみよう。

両手を上にあげて武器を携帯していない人が歩いてくる。
十分にフォーマルで隙のない服装をした人が歩いてくる。

右の記述は、相手が危険かどうかを判断しなければならない状況の記述としては適切だろうし、左の記述は、ドレスコードで入店の可否を判断するなど、服装を気にする状況での記述としては適切だろう。しかし、これが逆であれば、あまり適切な記述ではないかもしれない。

このように、どのような記述が適切であり必要なのかは、状況によって異なる。そして、その状況というのは、基本的に、何が必要な情報なのか、何を知りたいのか、ということに関連している。これが「問い」なのだ。問いによって、どのような記述が適切なのかという基準が異なるということは、問いがその基準を与えているということだ。このことを私は、「問いが志向性を作りだす」と表現しているわけだ。

問いが志向性を作りだすということ自体は、他の質問・応答の言語ゲームと全く同じであり、記述の言語ゲームの特性ではない。しかし、記述の言語ゲームではこのことをわざわざ説明しなくてはならなかった。それは、記述の言語ゲームでは、しばしば問いが欠如しているからだ。問いがないのに記述だけが存在する、そのような事態は当たり前に存在している。むしろそちらの方がデフォルトだと思えるほどに。これが、記述の言語ゲームについて考えるうえでの重要なポイントだと私は考えている。

質問・応答の言語ゲームにおいて、問いが実際になされていないのに、答えだけが存在するような状況を、私は、問いの先取りと呼んでいる。記述の言語ゲームでは問いはしばしば先取りされ、そのことが記述の言語ゲームの志向性を複雑で分かりにくいものにしている。

文章を読んでいて、文章そのものは十分理解できるのに、何が言いたいのか分からないとか、頭に入ってこないといったことはないだろうか（私の文章がそうだと言われれば反省しなくてはならないが）。そういった状況が生じる原因の一つとして、問いの先取りが上手くいっていないということがあると思う。著者と読者で問いが共有できていないから、答えの部分をどう受け止めていいのか分からない。だから、何が言いたいのだろう、ということになるのだ。そのような意味では、問いの先取りとは、話す技術・聞く技術、書く技術・読む技術にも関わっているだろう。

問いの先取りは、実際には様々な理由、様々な要請によって必要となり、その志向性は非常に多様である。すべてを網羅的に示すことは難しいが、ある程度の分類や整理をしておくことは今後の考察に役立つだろうと思うので、現時点で私が理解している限りのことを示しておきたい。

まず、問いの先取りは相手の問いを予想することによってなされる場合がある。あらかじめ、相手はこのようなことを問うだろうとか、知りたいのだろうといったことが予想できれば、それに対応する形で記述が行われる。

では、どうして予想が可能なのだろうか。これにはいくつかのパターンがあり、それぞれに違った性質を持っていると思われる。

第一に、相手の問いが制度的に予想できる場合がある。例えば何らかの規則に従って報告書を提出する場合、その報告書がどのような問いに対応するものであるのかは、制度的に定まっているはずだ。何らかの事故に関する調査報告書であれば、当然その自己の原因や背景を明らかにすることが目的であり、そのための情報を求めているし、決算報告書であれば支出が適切に行われたのかどうかという問いに対応できる内容でなくてはならないだろう。これらの問いは規則には明確に書かれていないかもしれないが、その趣旨を理解することができなければ、良い報告書が書けないのは当然だ。制度的な予想の場合は、読む方も制度的に問うことを要請されているのだから、そのことを十分に理解していなければ報告（記述）を正当に評価することはできないだろう。

第二に、心理的に問いが予想できる場合がある。相手が何を知りたいと欲し、どのような情報を求めているのかが分かれば、それに対応した記述が求められる。これはマスメディアなどで特に必要とされる技術だろう。読者や視聴者が何を知りたがっているのか、それを敏感に察知し、答えていくことがマスメディアという活動の志向性の一つであることは間違いないと思われる。ただ、読者が抱いている問いだけでなく、読者の望む答えにまで対応しようとしてしまうと、おかしなことになってしまうかもしれない。

最後に、問いが論理的に予想できる場合についても触れておきたい。これは主として論理的に構成された文章で必要になる。ある文章を読んだ人が当然抱くであろうと予想できる疑問に対応しようとして、説明を追加したり、学術的な文章の場合は注などを付けたりすることもこれにあたるだろう。もちろん、私が本書を書くにあたっても、そのようなことを何度も繰り返しているのだが、それがどの程度成功しているのかは、読者の評価に委ねるしかない。

ここまで説明してきたことは、ある意味では「文章を書く上での基本的な心構え」のようなものであり、ほとんどの人は程度の差はあれ意識していることだろう。ただ、これを志向性（方向付け）という観点でまとめておくことは、後でＡＩとの比較をする際に重要になってくる。

相手の問いを予想するということは、基本的に問いは相手のものであり、相手に合わせた記述をするはずだが、記述をする側が問いに対して主導権を持つ場合もある。以前にも例として使用した「もう3時だよ」という発話は、相手が現在時刻を問うだろうと予想しているというよりは、あなたは時刻を問う必要があるという主張なのかもしれない。その場合は、問いそのものを問われる側が問う側に対して伝えているのだと考えられる。このような記述のありかたは、問いの予想ではなく、問いの要請と考えた方が良いだろう。問いの要請が可能になる理由はいくつか考えられる。まず一つは、何らかの規範を背景にしている場合である。

例えば、インフルエンザの流行を記述することを考えてみよう。この記述は、「インフルエンザは（すでに）流行しているのか」とか「どの程度流行しているのか」といった問いを先取りしたものだと考えられるが、それでは、その問いは単に「予想された問い」なのだろうか。マスメディアが報道する際には、視聴者の潜在的な問いを予想しているという側面も確かにあるだろうが、流行を発表する公的機関にとってみれば、単に人々がそれを知りたがっているからといった消極的な理由だけでなく、もっと積極的に「人々は流行の状況を知るべきだ」という考えもあるだろう。なぜなら、自分がインフルエンザにかからないために流行の情報が必要なだけでなく、人を感染させ流行を広げてしまわないためにも流行の情報が必要だからだ。このように、相手に問いがあることを予想しているのではなく、規範を背景にして、相手が問いを持つことを要請する場合も考えられるのだ。先の「もう3時だよ」という発話も、何らかの規範的要請を含んでいる可能性があるだろう。

また、記述する側の欲求として問いの要請が行われことも考えられる。つまり、「問うてほしい」ということだ。例えば今日自分が経験した出来事を、友人や家族に聞いてほしいとき、ただ話の内容が伝わればそれで満足できるというわけではないだろう。関心を持って聞くことを、つまり、相手が問いを持つことを求めているはずだ。言い方を変えれば、「知ってほしい」というよりは「知ろうとしてほしい」のだ。そのような欲求（気持ち）をストレートに表現することももちろんあるだろうが、問いの要請も問いそのものも欠如した状態で、問いが先取りされて「答え」に相当する記述だけが語られることは珍しくない。私たちは、相手に問うて欲しいと要請することなく、相手の問いがなくても、今日あった出来事を相手に話し始める。そしてそのことによって相手は、問うて欲しいという相手の気持ちを察することができるのだ。

ここまでの説明は、問いの先取りというふるまいを示すためには十分網羅しているとは限らない。しかし、それが非常に多様で複雑ないとなみだということではないだろうか。（問いの欠如した）記述というふるまいは、相当に高度な言語技術を必要とする。名前を問うこと、そしてそれに答えることに比べ、（問いを先取りして）自己紹介をすることは、数段高度な言語使用なのだ。このことは、平叙文というものが、文法的には基本的な文型であるとしても、実際の言語使用にあたってはまったく「基本的」ではないということを意味している。

この結論については、次章でもやや観点を変えつつ継続して考えていくので、本章ではＡＩと人間との比較に戻りたいと思う。

ＡＩにとって、何かを記述したり、質問に答えたりすることは、ロボットに運動をさせるよりもより実現可能性の高い課題であるかのように思われているかもしれない。しかし、それは間違いだろうと私は考えている。確かに、何らかのルールに従って文書を作成することは、行政文書のようにあらかじめフォーマットが定まっている場合にはそれほど難しいことではないし、音声認識機能を実装して簡単な質問に答えるプログラムもすでに実現している。しかしそれらは十分に志向的なのだろうか。

記述が志向的だということは、自らが作成可能な様々な記述から、何らかの基準で最も適当なものを選ぶ、ないしは学習できることを意味しているが、これはAIにとって全く不可能な課題だというわけではない。例えば、リンゴを見て（リンゴの画像を入力して）、それがミカンでもバナナでもなくリンゴなのだと記述できるようにAI自身が学習することは、すでに実現されている。これは、リンゴという記述が、ミカンやバナナという記述よりもより適切であることを示す基準が与えられているからだ。その基準の詳細をここで説明することはできないが、大まかに言えば、多数の映像からいくつものパターンを見つけ出し（そのパターンの一つがリンゴだということは人間が教える必要がある）、特定の映像がどのパターンと近いのかを数値化したものが、基準となる。そのため、このようなAIは志向的だといえる条件を満たしている。

また、かなり複雑になるが、リンゴを見て、それが野菜でも肉でも穀物でもなく果物なのだと記述できるように学習することも不可能ではないだろう。リンゴを見分けることができ、なおかつ、リンゴが果物というカテゴリーに属することを学習すればよいのだから。

しかし、リンゴを見て、「リンゴ」という記述が「果物」という記述よりも適切である基準をどのように表現すればよいだろうか。おそらくこれは、現在のAIの技術で実現することは難しいだろうと私は考えている。それは、この基準が問いに依存しており、問いの志向性を学習することがAIには困難だと思うからだ。

このことは、「歩く」ことについての考察で、歩くことの志向性を表す評価基準を与えればAI（ロボット）は自ら歩き方を学習することができるが、「歩く」という言葉からその志向性を読み取って評価基準を見出すことは難しいだろうと述べたことと同じだ。つまりこれは、言語による志向性にかかわる問題なのだ。

以上のように、記述の言語ゲームは、AIにとって、少なくとも(単純な)命令・行為の言語ゲームと同等の困難性を持つわけだが、それだけではすまない。なぜなら、記述の言語ゲームはしばしば問いが先取りされているからだ。

問の先取りがAIにとって全く不可能かというと、そういうわけではない。制度的に問いが予想される場合は、それに対応することは容易だろう。定型的な業務の中で発生する問いに対応するようなプログラムはすでにいくつも開発されている(それらがAI的かどうかはともかく、制度的な問いを先取りすること自体は可能だということ)。また、心理的な予想や論理的な予想は、制度的なものと比べれば難しいだろうが、これらも不可能とは言えないだろう。では、規範的に問いを要請することや、欲求として問いを要請することはどうだろうか。

例えば、自動車を運転しているときに、「制限速度を10キロオーバーしています」などと教えてくれるAIを考えてみよう。もちろん、そのような機能を実現すること自体は何も難しくはない。速度データをコンピュータに入力し、一定基準を超えたときに音声メッセージを出力すればよいのだから。しかしそれは、機械的な仕組みであって、制限速度という概念を理解したうえでの志向的なないとなみとは言えない。制限速度というルールを運転者が守るべきだという規範的な判断をし、そのため運転者は速度を(制限速度との関係で)知るべきだという理由から、速度についての問いを先取りする。そこまでできて初めて、そのAIは人間に近づいたと言えるだろう。そして、そのようなAIは、制限速度以下であっても、ルール上徐行するべき区間では、「徐行とは言えない速度で走行しています」などと教えてくれるかもしれない。速度を記述しているという点では同じだが、表現が（基準）が違っている。この違いは、志向的な問いを先取りしているからこそ生じるのだ。このように考えると、確かに高度な判断が求められてはいるが、ＡＩには絶対にできないとまでは言えないのではないか。そう感じた人も多いかもしれない。しかし、規範的に問いを要請するということの難しさは、規範的にふるまう（ルールを守る）ということ自体が志向的ないとなみだという点にある。

例えば制限速度であれば、「制限速度」という基準をただその速度以下で走らねばならないと機械的に解釈するのか、制限速度が設けられている趣旨まで理解できるのか、ということだ。趣旨まで理解できていれば、もし瞬間的に速度を上げたほうが自分と相手の安全を確保できるような状況が生じたとき、制限速度以上の速度を出すという判断をするかもしれない。それはルールを守ることが志向的であるからこそ可能なのだ。

ルールを守るということ自体が志向的だという論点は、人間とＡＩを比較するにあたって極めて重要になってくる。これは、命令・行為の言語ゲームについての議論を踏まえたうえでもう一度考えてみたい。

最後に、欲求として問いを要請することについて考えてみよう。ただし、ここでいきなり「ＡＩは欲求を持つのか」といった難しすぎる課題に安易に踏み込んでしまえば、議論は収拾がつかなくなってしまう。そのため、ここでは欲求というものが言語ゲームに関する理論の中でどのように位置づけられるのかを整理することにとどめたい。この問題は、少し視点を変えて、第7章及び第9章で扱う予定である。[18]

言語ゲームという概念は、志向性を与える命令・質問と、与えられた志向性を解決する行為・応答の、二種類の要素によって成り立っている。このうち、これまでＡＩとの比較を行ってきたのは後者、つまり、命令・行為の言語ゲームの行為という要素と、質問・応答の言語ゲームの応答という要素だ。「歩け」という志向的な命令を与えられたときに、ＡＩはその言葉の志向性を正しく受け取り、それに基づいて自ら考えて歩くことができるのか。「これは何か」と問われたときに、ＡＩはその問いの志向性を解釈して正しい記述を行うことができるのか。こういったことがこれまでの考察対象だった。つまり、命令という要素と質問という要素は、ＡＩとの比較という観点では扱ってこなかったのだ。

命令や質問についてＡＩと人間の比較をするというのは、ＡＩは人間と同じように命令できるのか、人間と同じように質問できるのか、という問いを立てるということだが、これは大きく分けて二つの観点から考える必要がある。

一つは、命令や質問の内容、つまり、命令したいことや問いたいことを見出せるのか、ということだ。ＡＩが自分に対して「歩け」と命じることがあり得るのかと問えば、それはもちろんあり得るだろう。例えば荷物を運ぶというゲームをしているときに、荷物を持ち上げた後運んでいく先まで移動するために「歩く」という行為を自分に命じることは十分に考えられる。つまり、上位の言語ゲームの中で別の命令・行為の言語ゲームが必要になるときは、ＡＩであっても命令の内容を作りだすことはできるはずだ。これは質問でも同様だろう。では、上位の言語ゲームがなくても自ら何らかの言語ゲームを始めるようなＡＩは考えられるだろうか。「歩け」と命じられなくても、命じられた何らかの言語ゲームの中で歩く必要が生じる場合でなくても、「勝手に」歩く（ことを自分に命じる）ようなＡＩは実現可能だろうか。このような考察の中で、欲求の問題は扱われるべきだろうと思う。

人間と同じように質問できるのかという問いについて考えるためのもう一つの観点は、ＡＩは人間に対して命じることができるのか、あるいは質問することができるのか、ということだ。人間の立場から見れば、ＡＩに命じられる、ＡＩに質問される、ということが受け入れられるのか、と考えても良い。パソコンを使いこなしている人の中には、コンピュータからあれこれ指示をされたり、質問をされたりすることはすでに体験済みだという人もいるかもしれないが、もちろんここで扱いたいのはそういう問題ではない。それらは道具が機械的に生成するメッセージに過ぎない。ＡＩが人間に対して命令することができるのか、というのは、権限や地位といった文脈で考察するべき問題なのだ。欲求の問題は、ここではＡＩの欲求というものを人間は許容できるのか、という議論になる。

これらはいずれもかなり難しい問題ではあるが、本書の後半では志向性という概念を導きの糸として、現時点で可能な限り考察を深めていきたい。

それでは最後に、この章での説明をまとめてみたい。

本章では、質問・応答の言語ゲームのうち、最も基本的だと思われる記述の言語ゲームを取り上げた。記述の言語ゲームは、実際に発話された質問に答える形でなくても、それが志向的ないとなみである限りは何らかの質問に対する答えだと理解するべきであり、その場合「質問の先取り」が行われているのだと考える。これが記述の言語ゲームの最大のポイントだった。

そのうえで、人間による記述とＡＩによる記述を比較した場合、最大の違いは、命令・行為の言語ゲームと同様に、ＡＩには言語的志向性を理解することが困難だという点にあった。そしてさらに、記述の先取りが記述する側の問いの要請に基づいて行われる場合まで考慮すれば、規範性や欲求という点からも考える必要があるということも指摘した。ただし、それはこの章では保留し、後の章で改めて論じることとした。

本章で保留にした課題はもう一つある。それは、平叙文は言語運用にあたっては基本的な文だとは言えないのではないか、という問題提起である。これは、文や言葉の「意味」に関わる問題であり、言語ゲームという考え方の重要な特徴の一つである。次の章では、これを取り上げたい。

第４章　文の意味・言葉の意味

これまで、ＡＩの弱点の一つは、本書の言葉では言語的志向性をとらえられないことであると説明してきた。これは、ＡＩが言葉の「意味」を理解していない、と解釈することもできるだろう。

それでは、言葉の意味、あるいは文の意味とは、どのようなものだと考えるべきだろうか。これは、漠然としてつかみどころのない問いのように受け止められるかもしれないが、言語ゲームという考え方からは、比較的すっきりとした答えが提出できると私は考えている。これまでと同じく、ＡＩとの比較と、具体的事例に基づいた考察という方法で説明していきたい。

〈平叙文の意味〉

平叙文は、事実を陳述する文であり、その内容について真か偽かを問える、つまり命題としての性質を持つ文だと考えられている。

しかし、言語ゲームという観点からは、平叙文は記述の言語ゲームによって生成された文であり、何らかの問いを前提にしていると考える。そのため、平叙文の意味は問いに依存する。具体的な文章を例にして考えてみよう。

最初に取り上げるのは、「私は昨日東京に行きました」という平叙文である。この文は命題として考えることができ、その命題は、私が実際に昨日東京に行ったときに限って真となる。その意味では単一の意味を持っているように見える。しかし、この文がどのような質問に対する答えなのかを考えれば、少し見方を変える必要が出てくる。

あなたは昨日何をしましたか。
私は昨日東京に行きました。（a1）

あなたはいつ東京に行きましたか。
私は昨日東京に行きました。（a2）

a1とa2は、異なる問いに対する答えであるが、全く同じ文章である。この場合、a1とa2は同じ意味を持つのだろうか、それとも異なる意味を持つのだろうか。問いが異なるために強調点は違うが、それでも真偽条件は全く同じであるから、意味としては同一だという答えが一般的だろうか。

では、以下の例も考えてみてほしい。

あなたは昨日何をしましたか。

東京に行きました。（ｂ１）

あなたはいつ東京に行きましたか。

昨日行きました。（ｂ２）

まず、ａ１とｂ１、ａ２とｂ２をそれぞれ比べてほしい。それらは同じ意味だろうか。「私は昨日東京に行きました」という発話も「東京に行きました」という発話も、丁寧さは違うだろうが、その発話が意味していることに変わりはない。つまり同じ意味だと考えるべきだろう。

では、ｂ１とｂ２を比較するとどうだろうか。先の例でａ１とａ２が同じ意味だと考え、ａ１とｂ１、ａ２とｂ２がそれぞれ同じ意味だとするなら、ｂ１とｂ２も同じ意味だと考えなくてはならないが、これは正しいのだろうか。

もちろん、正しくないと考えるべきだろう。そのため、（背理法的に考えて）ａ１とａ２が異なる意味を持つというのが私の主張である。

ここで考察した例文は、主語、日付、行動の三つの要素から成り立っている。このうち、主語はすべての受け答えにおいて共通であるが、ａ１とｂ１においては、日付を前提条件としたうえで行動が問われており、

ａ２とｂ２においては逆に行動を前提条件とした上で日付が問われている。ということは、ａ１において日付（「昨日」という部分）は、答えとしては意味のない部分であり、ａ２における行動（「東京に行きました」という部分）も、意味のない冗長な要素である。そのため、冗長な部分をそぎ落としたｂ１、ｂ２のような形が本来の「意味」であり、それぞれと同等であるａ１とａ２は異なる意味を持つと考えるべきだ。

それではなぜａ１やａ２のような言い方をするのだろうか。その必要性はどこにあるのだろうか。

一つには、問いの確認という意味があると考えられる。冗長であっても問いの中で前提となっていることをくりかえせば、自らの答えが問いを正確に理解したうえでのものであることを示すことができる。そういう意味で、これが「丁寧な答え方」だと受け止められるのだろう。

もう一つは、第２章で自己紹介の事例を説明した時にも少し触れたのだが、これが問いの先取りを可能にする文体だということだ。例えば以下のようなやり取りを考えてみてほしい。

あなたが昨日の殺人事件の犯人なのではないですか。

私は昨日東京に行きました。（ｃ１）

あなたが昨日の殺人事件の犯人なのではないですか。

東京に行きました。（ｃ２）

c1はいわゆるアリバイを主張しているのだろうと容易に理解できるが、c2はかなり理解しにくい。これは、問い（あなたは昨日何をしていましたか）が先取りされているためで、c1の方は先取りしている問いを、冗長な部分まで表現することによって聞き手に伝えているが、c2の方はどのような問いを先取りしているのかが分からないために理解が困難になっているのだ。

第3章でも説明したように、記述の言語ゲームではしばしば問いが先取りされている。そのため、平叙文が必要とされているのだと私は考えている。

これまで説明してきたことは、自然言語特有の問題というわけではない。同様のことは、数式においても生じるのだ。これも例を挙げて説明したい。

とりあげるのは、「x＝3」という数式だ。この数式は第2章でも例として使用したので、またかと思われるかもしれない。確かに「＝」という記号は第2章でも扱い、そこではこの記号が、命令・行為の言語ゲームと質問・応答の言語ゲームでは異なる意味で使われることを示した。つまり、命令としては「代入」を表し、問いとしては「大小比較」を表しているということだった。

実は、数式の中に現れる「＝」には、もう一つ別の意味がある。それは、質問・応答の言語ゲームの問いの中に現れる「＝」（それは比較だった）ではなく、答えの側に現れる「＝」だ。これはまさに、「等しい」という意味だと受け取ってよいだろう。

では、答えとしての「x＝3」は、「xは3と等しい」という単一の意味だけを持つのだろうか。問いによって意味が変わってしまうということはないのだろうか。できれば、先に進む前に自然言語の事例を参考にして少し考えてみてほしい。

「x＝3」を分解すると、主語になぞらえることができる「x」と、等しいという意味の「＝」、そして値である「3」の三つに分けることができる。このうち、主語である「x」は固定されているとしても、「＝」と「3」のいずれが問われているのかによって二種類の問いを想定することができる。つまり、「xと3は等しいのか」という問いと「xはいくつと等しいのか（xの値は何か）」という問いが考えられるのだ。そして、前者の場合、問われている部分、すなわち「＝」こそが意味のある部分であり、前提条件に含まれる「3」は冗長な部分である。後者の場合は、「3」という数値こそが求められている答えであり、「x＝」という部分は答えを分かりやすく表示するために付け加えられるに過ぎない。

よく考えれば、この二つの問いは、答えを出すプロセスも異なっている。おそらく、xの値を求めるところまではどちらも同じだろう。算術計算や代入などの手続きによってxの値が求められるのだ。後者の問いの場合は、ここで最終的な答えが出ている。計算によって求められた「3」がそのまま答えだ。しかし、前者の場合はさらに手続きが必要だ。つまり、計算によって求められたxの値と、問いの条件である「3」を比較しなくてはならないのだ。そして両者が等しいという結果になればそれ（「等しい」）が答えだ。

このように考えれば、（記述としての）「x＝3」という表現が常に同じ意味を持つという考え方がとても受け入れられないことは明らかだ。実際のプログラミングで考えてみても、もし「比較の結果3と等しいことが分かった」という意味の「x＝3」であれば、その後に続くのは条件分岐のような手続きだろうし、「値を計算すると3だった」という意味の「x＝3」であれば、その後に続くのは3という値を別の計算で使用するとか、画面やファイルに出力するといった手続きになるだろう。

それではここまでの結論をまとめてみよう。

平叙文の場合、その文の意味は、問いに対する答えである。そのため、平叙文の意味は問いに依存する。これは、自然言語だけが持つ特徴ではない。コンピュータプログラムが出力する数式や文であっても、それらの意味は何らかの問いに対する答えとしての意味なのだ。

ここまでは、平叙文の意味について考えてきたわけだが、それでは他の文型の意味はどう考えればよいのだろうか。実は、特に難しいのは平叙文だけで、その他の基本的な文型については、平叙文の類推で理解できるはずだと思う。疑問文はもちろん、質問・応答の言語ゲームにおける問いとしての意味を持っているわけで、もう少し詳しく言えば、問いが持つ志向性が疑問文の意味の核心だと考えられる。命令文ももちろん、命令・行為の言語ゲームにおける命令としての意味を持つ。それ以外の複雑な文型も、基本的にはこれらの組み合わせとして理解できるだろう。例えば、何らかの行為を依頼する文は、内容として命令の要素を持ちつつ、相手にそれに応ずるか否かの選択を与えている点は、問いとしての要素も持っている。

「AIは言葉の意味を理解しているのか」という疑問に答えるためには、「意味」という言葉の理解はここまでの説明で十分だと私は考えている。

ただ、それだけではまだ十分にすっきりした感じはしない、という読者もいるだろう。おそらくそれは、私たちが日常使う「意味」という言葉が、必ずしもこれまでの説明と整合的ではないからだと思う。

そこで、やや本書の本筋からは外れるが、「意味」という言葉の意味を、考えてみたい。

〈「意味」という言葉の意味〉

言語ゲームという視点からある言葉がどのような意味を持つのかを考えるためには、その言葉がどのゲームのどの位置で使われるのかを考えればよい。

どのゲームの、というのは、すでに「犯罪」や「セクハラ」という言葉についての考察で用いた視点だ（第2章）。これらの言葉は、基本的に質問・応答の言語ゲームだけで使われ、命令としての志向性を持たない。このことはこれらの言葉の意味を理解するうえで重要なのだが、さらに詳しく分析するには、質問・応答の言語ゲームのどの位置で使われるのかを考えることが必要になってくる。つまり、質問として使われるのか、あるいは応答として使われるのか、ということだ。

犯罪という言葉に関して言えば、これは問いとして重要な語彙である。犯罪であるか否かを問う言語ゲームとは、犯罪捜査や裁判にほかならず、それが社会にとって非常に重要であることは疑いがないだろう。

これに対して、例えばリンゴという言葉は、「リンゴかどうかを問う言語ゲーム」というものはあまり想定できない（少なくとも汎用性がない）ので、答えとしてしか意味を持たない語彙だと言えるだろう。

このように、様々な言葉について、「命令」「問い」「答え」それぞれの文脈で意味を成すかどうかを調べることは、その言葉の意味を考えるうえで有効だと私は考えている。

では、「意味」についてはどうだろうか。

意味という言葉は、命令では使われない。これはすぐに分かることだろう。では、答えとしての「意味」、つまり何らかの質問の答えが「意味」という言葉であることはあり得るだろうか。もちろん、「meaning という英単語の日本語訳は何か」など、考えようによってはいくらでも可能だろうが、「意味」という言葉の通常の使用としては、「意味」が答えになることはあまり考えられないだろう。ということは残りの一つ、つまり問いとしての意味が、「意味」という言葉の主要な意味なのだ。

意味という言葉は問いとして用いられるということが分かれば、次は「意味を問う言語ゲーム」というのはどのような言語ゲームなのかを考えればよい。私たちはどのような場面で、何を求めて「意味を問う」のだろうか。

意味を問う言語ゲームと言えそうなものはいくつかあるが、そのうちの一つは、本を読んでいるときなどに知らない言葉が出てきて、そのせいで文章が理解できなかった場合に、辞書を引いたりすることだろう。

もし辞書を引くことが、意味を問う言語ゲームであるのなら、辞書に書いてある語義や用例が言葉の「意味」ということになるのだろうか。これは必ずしも間違いではないが、注意しなくてはならないのは順序だ。

まず「言葉の意味」という明確な概念があって、その概念に沿って考案された語義や用例を集めた辞書が作られ、その辞書を引くことが「言葉の意味を調べる」という行為だ、という考え方は間違っている。最初にあるのは、言葉の意味を問うという言語ゲームであり、そこから出発しなくてはならない。知らない言葉を知ろうとするニーズがまずあり、それに答えるために辞書というものが発明され、発展していく。どうすれば「言葉の意味を問う」というニーズによりよく答えられるのかという工夫の中から、辞書の語義や用例のスタイルが形作られていく。そういうことではないだろうか。つまり、「意味」という言葉の意味（語義など）よりも先に、「意味を問うゲーム」があるのだ。

以上のような考え方は、言語を表象という観点から捉える見方と根本的に対立している。「意味」という言葉は、意味と呼びうる何かを表象しているのではない。意味を問う言語ゲームこそが、「意味」という言葉の意味の核心だ。言語ゲームという考え方において、言語は何かを表象するのではなく、人々のいとなみを方向付けるものなのだ。

それでも、物の名前は名づけられたものを表象しているのではないか。リンゴという言葉はリンゴというものを表象しているのではないか。こういった疑問はまだ解消されていないのかもしれない。しかし、言語ゲーム論の考え方では、リンゴという言葉は知識のデータベースのインデックスなのだ。あるものを見て、リンゴという言葉を引き出すことができれば、その言葉で知識を検索し、食べられるとか、甘酸っぱい味がするといった情報を引き出すことができる。私たちにとって重要なのはリンゴという名前ではなく、そういった情報であり、名前は情報を引き出す手段に過ぎない。

このような考え方は、インターネットが普及した現代においては、感覚的に理解しやすいのではないかと思う。あなたが初めて見る物の名前を尋ね、それが例えば「パピプペポ」という名前だと教えられたとする。初めて聞く名前だ、これは何なのだろう。そう思ったあなたは、スマホやタブレットで「パピプペポ」を検索してみるかもしれない。たまたまパソコンの前に座っていればパソコンで検索するかもしれない。現代では物の名前さえ分かれば、インターネットで検索し、それについての情報をたちどころに収集することができる。それは別に正しい名前でなくてもいい、多くの人が間違った名前で呼んでいれば、間違いの名前で検索できてしまうだろうから。ただ、検索語として、インデックスとして機能してさえいればよいのだ。

検索語を用いて膨大なデータベースから情報を引き出すこと自体は、AIにとって造作もないことだ。むしろ得意分野と言ってもよいだろう。そして、「これは何」という問いに対して何らかの答えを出すことも、最近のAI関連技術の発展によって、かなりできるようになってきている。そういう意味では、AIと人間を比較するうえでも、表象という考え方はほとんど有効ではないように思う。AIが苦手なのは、問い(の志向性)に合わせて適切な答え(記述)を選ぶことだ。

あなたの家族があなたに対してテーブルの上のリンゴを指さし「これは何」と尋ねたとき、「リンゴ」という答えが適切である可能性はほとんどないだろう。しかし、「これは何」という問いの背後に「食べていいのか」という問い(の志向性)があることを察知できれば、「もらい物だけど、私はもう食べたのでその残り(だから食べていいよ)」とか「それは私の昼食(だから食べないで)」といった答え(記述)ができる。AIが人間に近づくためにはこれができなくてはならないし、そのために必要なのは問いの志向性の理解なのだ。

第５章　言語ゲームに言及する質問・応答の言語ゲーム

これまで、主として記述の言語ゲームを扱ってきたが、質問・応答の言語ゲームはもちろん記述の言語ゲームに限られない。その志向性は非常に多様だし、単純なものから複雑なものまで、個人的に行われるものから大規模な組織を必要とするものまで、様々な質問・応答の言語ゲームが存在する。それらについて包括的なビジョンを得ることはとても無理だが、本書の目的に照らして重要だと思える質問・応答の言語ゲームをいくつか取り上げて解説してみたい。

これから取り上げる言語ゲームには、ある共通の特徴がある。それは、言語ゲームに言及する言語ゲームだということだ。

私たちは様々な対象について問いを立てることができる。そしてその対象から言語ゲームだけが除外される必然性はない。例えば行為の記述は、命令・行為の言語ゲームに言及する質問・応答の言語ゲームだ。「この人は何をしているのだろう」とか「この人はどのようにして○○しているのだろう」といった問いが該当する。

言語ゲームに言及する言語ゲームは、言語ゲームの世界が複雑化する主要な要因になり、そのことは、AIと人間の比較を行う上でも問題になってくるだろう。

〈確認の言語ゲーム〉

まず、質問・応答の言語ゲームに言及する質問・応答の言語ゲームとして、確認の言語ゲームについて考えよう。質問・応答の言語ゲームは問いに対して答えを得る言語ゲームであるから、それを確認するということは、その答えが正しいのか、あるいは、適切であるのか、といった問いを立てる言語ゲームだ。

もとになる質問・応答の言語ゲームと、それに対する確認の言語ゲームの違いは、計算と検算の違いと考えれば分かりやすいだろう。計算は何らかの値を答えとして出力するが、検算は計算の答えを入力とし、それが正しいかどうか自らの答えとして出力する。実際の計算における振る舞いを見ても、例えばｘについての一次方程式を解くには、両辺に同じ数を加えたり同じ数をかけたりして左辺にｘだけが残るようにするが、その検算はｘに答えを代入してみて両辺が等しいかどうかを確かめる。このように両者は全く異なる計算をしているわけで、だからこそ検算の意味を持つと言えるだろう。

確認の言語ゲームにはもう一つの形式がある。それは、答えがあっているかどうかを確かめるのではなく、答えを出す手順が正しいかどうかを確かめるゲームだ。計算の例を続ければ、計算に対する計算手順の証明が対応するだろう。例えば、直角三角形の斜辺の長さは三平方の定理を使って計算できるが、計算で用いた三平方の定理が正しいのかどうかを確認するのが証明ということになるだろう。

確認の言語ゲームは、質問・応答の言語ゲームが出力する答えをより確かにするためのゲームなので、高い信頼性が要求されており、なおかつ何らかの理由で答えの信頼性が十分に高くはないと判断されるときに、必要になる。数学の試験で方程式を解いたとき、時間に余裕があれば検算をしてみる。これは、私たちは自分が計算ミスをする可能性があると知っているからだ。

では、ＡＩは確認の言語ゲームをする必要があるだろうか、もしあるのなら、実際にそれは可能だろうか。

少なくとも、私たちが日常使うようなパソコンやスマートフォンのプログラムには、確認の言語ゲームに相当するサブルーチンはあまり使われていないだろう。[19] それは、パソコンなどは計算ミスをしないし、プログラムが目的通りに動作するかどうかを確認することは設計者の役割だからだ。しかし、ＡＩが単にプログラムを機械的に実行するだけの存在ではなく、考える機械として、人間に近いものに進化していこうとするのなら、確認の言語ゲーム（あるいはそれに相当するもの）は必要になるだろう。なぜなら、志向的ないとなみとは複数の選択肢からより良いものを選んでいくことであり、選んだものが「正しい」ことを必ずしも保証しないからだ。

例えば、すでに実在する、クイズに解答するＡＩや入試問題に挑戦したＡＩなどの基本的な仕組みは、答えの候補それぞれに、問題との関連性などの基準で得点を与え、最も得点の高い選択肢を解答とするというものだ。当然、正解することもあれば間違うこともある。実験あるいはデモンストレーションといった位置づけの取り組みであれば、それでも問題はないだろうが、ＡＩに重要な意思決定を任せようとするなら、その解答がどの程度の信頼性を持つのかを推定し、信頼性が十分でなければ、他のアプローチから解答をチェックする確認の手続きが必要になるだろう。

自らの解答の信頼性をチェックし、十分に信頼性が高くないと判断すれば、確認のための手続きを自ら考案して実行する。このような仕組みを持つＡＩは原理的には可能だろうと私は考えている。もちろん、自分で新しい手続きを考案するといった能力は技術的なハードルが相当高いのだろうが、そのようなことさえできないのなら、汎用ＡＩなど夢のまた夢だ。むしろ、これまで問題にしてきた言語的志向性の理解よりは実現しやすいかもしれない。

しかし、それが可能だとしても、その先には技術的問題とは趣が異なる、非常に厄介な問題が立ちふさがっている。

もし、ＡＩが自分の解答の信頼性をチェックし、それが十分ではないと判断して確認続きを考案し実行したとしよう。ところが、この確認の手続きも質問・応答の言語ゲームに相当するものなので、それ自体の信頼性が問題になる。ではその信頼性が十分ではないと判断すれば、さらに別の確認の手続きを考案・実行するのだろうか。もしそうだとすれば、場合によっては際限なく新たな確認の手続きを実行し続ける危険性があるのではないか。

さらに言えば、そもそも「信頼性が十分ではない」ということをどのようにしてＡＩが判断するのだろうか。もし、あらかじめ信頼性の目標値（例えば間違いである確率の低さ）を具体的に与えられていなければ、「信頼性をより高くする」という方向づけが、無限に確認手続きを要求し続けることになってしまう。

これは志向的ないとなみが持つかなり根本的な問題だ。多くの質問・応答の言語ゲームの志向性は、解答の信頼性という基準を含んでいると考えられるが、それはあくまでいくつもある基準の一つだろう。それゆえ、解答の候補となる選択肢から一つを選べば、それでそのゲームは完了する。しかし、答えの信頼性に疑念があればそれをチェックして信頼性をより高めるという仕組み（確認の言語ゲーム）がいったん開始されれば、それは自分自身の答えにも言及することになり、無限ループの可能性が生じてしまう。志向性という性質は方向性だけを持つため、ここまでで良いというゴールを必ずしも持たない。それが、柔軟性と創造性をもたらしているわけだが、ある意味では信頼性との相性は最悪である。信頼性を追求し続けても、終わりはないのだから。哲学的懐疑論は、ある意味ではこのような確認の言語ゲームの無限連鎖の一つのバージョンなのかもしれない。

しかし、私たちは通常、志向的ないとなみをしつつも、このような問題にそれほど苦しんでいるわけではない。極めて高度な信頼性を要求される際に、いったいどこまで完璧にチェックすればいいのだろうか、と悩むことはあるかもしれないが、そのような場合でも、何らかの方法で解決しているはずだ。それはどのような解決であり、ＡＩにもそれは可能なのかを考えれば、この論点についての人間とＡＩの比較はできそうだ。

本章では実際にそのような検討をしていくことになるが、その前に、確認の言語ゲーム以外でも同様の問題が生じるので、その検討を先に行いたい。

〈評価の言語ゲーム〉

確認の言語ゲームは、質問・応答の言語ゲームに言及する言語ゲームであったが、命令・行為の言語ゲームについてもそれと対応するような言語ゲームを指摘することができる。それが評価の言語ゲームだ。命令・行為の言語ゲームはその志向性のゆえに、なんらかの評価基準を持っているはずであり、そのため言語ゲームの内部で評価の言語ゲームを必要としている。しかし、これとは別に、命令・行為の言語ゲームの外部に、そのゲームに言及する評価の言語ゲームが行われる場合がある。その主要な理由は、評価の言語ゲームが、評価の対象となる言語ゲームとは独立に、別の評価主体によって行われることによって、より公正で正確な評価を得ることができるということだろう。現代社会ではこのような評価の言語ゲームが、外部評価とか第三者評価という言葉で重要視されている。

評価の言語ゲームは質問・応答の言語ゲームなので、これに言及する確認の言語ゲームが考えられる。つまり、評価の言語ゲームが出力する答えである評価というものが、どれほど正確なのか、信頼できるものであるかを確認する言語ゲームということだ。ただ、具体的に考えてみると、これを確認の言語ゲームと呼ぶのはやや違和感が生じる。

例えばある組織のパフォーマンス（命令・行為の言語ゲーム）を第三者が評価するとしよう。この時、その第三者評価の公正さや正確さを担保しようとすれば、どんなゲームが必要だろうか。おそらくは更に別の第三者によって評価をする、ということになるように思う。このように考えると、「確認」という言葉よりも「評価」という言葉のほうが適切ではないかと思えてくる。

そこで改めて、確認の言語ゲームと評価の言語ゲームの違いを、ゲームの実行主体による違いとして再定義したい。つまり、元の言語ゲームと同じ主体で「確認」するのが確認の言語ゲーム、別の主体が「評価」するのが評価の言語ゲームと考えるのだ。このように考えることのメリットは、そこから生じる問題とその解決方法をよりクリアに表現できることにある。

確認の言語ゲームは、信頼性を高めようとする志向性に限りがないために、無限にゲームが連鎖することが問題だったが、評価の言語ゲームの場合はどうなのだろうか。

評価の言語ゲームの連鎖は、インターネット上のユーザーによる評価などで見ることができる。例えば飲食店の評価や本の評価、通販の商品の評価など、様々なユーザーによる評価がネット上には溢れている。では、それらの評価は信頼に値するのだろうか。基本的に匿名であるネット上のユーザー評価は、それを信頼してよいのかどうか確証が持てない。そこで、少しでも信頼性を高めようとして導入されているのが、評価者の評価である。具体的な仕組みは様々なものがあるようだが、基本的な仕組みとしては、別の第三者が、あるユーザーの評価を評価し、それが点数化されて表示されるといったものだ。

もちろん、それで問題が完全に解決されるわけではない。評価を評価する人もまた匿名である限り、それが信頼に値するものであるのかどうかは分からない。評価の評価の評価…といくら繰り返しても、十分な信頼性が得られるわけではない。それでも私たちがなんとなくそのような評価を参考にしてしまうのは、一定の数の評価が集まっていれば、特定の個人によって操作される可能性はあまりないだろうから、それなりに信頼できるのではないかといった、それほど強くもない根拠によるのだろう。

しかし根本的な問題は、評価する人の数ではない。多くの人が評価すればそれは信頼できるのだろうという判断の背景には、大多数の人は「善人」であり、うそをついたり自分の利害から評価をゆがめたりする人は少数だろうという考えがあるはずだ。多くの場合、その想定は妥当なのかもしれないが、十分に確実なことでもない。

私たち人間は、そのような状況に対処するすべを知っているが、ＡＩも同様に対応できるのだろうか。

〈質問・応答の言語ゲームの社会的解決〉

それでは、もう一度確認の言語ゲームにもどり、人間とＡＩの比較を試みたい。題材にするのは、これまで何度か取り上げたリンゴを記述するゲームだ。

人間にとって、目の前にあるものをリンゴだと見分け、それは食べられると結論付けることはたやすい。ＡＩにとってもこの程度のことは現在の技術でも十分に可能だろう。もちろん、画像認識の精度にはまだまだ課題があるが、技術的な進歩と学習用データの蓄積によって急速に精度は向上していくだろう。

しかし、問題はこのゲームに言及するもう一つの言語ゲーム、つまり確認の言語ゲームが導入されることによって生じる。目の前にあるものはリンゴだから食べられるという結論が出たときに、その結論は本当に確実なのかという問いだ。それに対して人間は、そしてAIは答えられるのだろうか。

いったん確認の言語ゲームが開始されると、100%確実だと言えることはほとんどないだろう。リンゴの場合も、もしかしたらリンゴに非常によく似た何かである可能性を完全に排除することはできないかもしれない。つまり、いったん疑いの目で見始めると、その疑いを完全に払拭することは困難であることが多いということだ。

人間の場合は、もし疑いが頭をかすめたとしても、ほとんどの場合はそこまで気にする必要はないと判断して、疑いを忘れてしまうだろう。しかし、AIにはこれがそんなに簡単なことではないのだ。

「間違いである可能性が充分に小さければ無視しても良い」といった一種のルールをAIに教えるという方法はどうだろうか。この場合は、「十分に小さい」というのが具体的にはどのくらいなのかをAIが理解する必要がある。例えば何らかの確率計算をして、それが0・0001以下であれば十分に小さいと判断する、といったような判断基準を設けるのだ。しかし、基準となる確率をどの程度に設定すればよいのかというのは難しい問題だ。あまりにも確率が小さすぎれば、ほとんどの問題に「分からない」としか答えられなくなってしまうだろうし、逆に大きすぎればリスクを抱え込むことになってしまう。さらに、状況によって非常に厳しい基準が必要な場合もあれば、とにかく答えを出すことを優先してある程度のリスクは許容されるという場合もあるだろう。つまり、基準はケースバイケースで考えていかざるを得ず、あらかじめ定めておいた基準をAIに覚えさせることは現実的ではないということだ。

また、そもそも確率計算が現実的に可能なのかという問題もある。画像からそれがリンゴかどうかを判断し、リンゴである確率を何らかの方法で計算することはできるだろう。しかし、画像そのものが意図的に改ざんされたものである可能性や、だれかが精巧な模造品を作成した可能性などを考慮して、確率計算ができるのだろうか。確率とはそもそも人間の意図が介在しないことを前提に計算されている。人間の意図的な行為を確率的に予測することもできなくはないかもしれないが、仮にできたとしても恐ろしく複雑なものになるだろう。

以上のように、ＡＩにとって、「これは食べられるのか」という問いに答えることが可能であっても、「その答えは確実か」という問いにＹＥＳ／ＮＯの二択で答えることのハードルは非常に高いと言わざるを得ない。

ルールによる解決

では逆に、人間はその問い（確認の言語ゲーム）に答えることができるのはなぜなのかを考えてみたい。人間はいくつかの方法でこの問題を解決している。

まず一つ目はルールである。この程度の信頼性（確率）であればＹＥＳと判断してよい、といったルールがあれば、私たちは結論を出すことができる。実際、実証科学は基本的にこのような論理で結論を出している。例えば社会調査では、ある属性（性別とか年齢）と何らかの意見や態度との間に、相関関係があるかどうかを統計的に検定することがある。このとき、実際には相関関係がないのに誤って相関関係があると判断してしまう可能性（確率）が一定基準よりも小さければ、「相関関係がある」と判断をするのだが、その基準は慣習的に０・０５とか０・０１といった数値が用いられている。その数値が用いられる理由は、多くの場合はそれが現実的な基準であるからで、そのためそれが研究者などの間での暗黙のルールとなっているのだ。これは自然科学においても（基準となる確率はもっと小さいものだが）同様だ。

基準となる確率がルールとして定められているのではなく、確認の手順だけが定められている場合もある。これは組織的な活動でしばしばみられることであり、迅速性を重視しつつ、一定の確実性も求められるときに使われる。例えば、何らかの機器を製造している工場で、最終的な完成品の検査を一定の手順で行っているような場合、その検査をパスすることが、正常な完成品であることを保証する（確認の言語ゲームにＹＥＳと答える）ことになるわけだ。

ということは、ＡＩもそれぞれの状況に応じたルールを知ることができれば、人間と同じように確認の言語ゲームに答えることができるのではないだろうか。基本的にはその通りで、考え方の方向性としては間違っていない。ただ、「それぞれの状況に応じたルールを知る」こと、そしてそれを守ることは、ＡＩにとって意外とハードルの高いことなのだ。なぜなら、ルールとは社会的なものであるからだ。この点については、第7章でより詳細に論じたいと思う。

責任による解決

ルールによって答えを出すことができるのは、定型的な活動である場合が多い。つまり、同じような判断が繰り返しなされる場合に、ルールが作られていくということなのだろう。そのため、ルールに頼るだけでは答えが出せない場合も実際にはかなり多い。これまで例として使ってきた「これは食べられるのか」という問いもそうだ。

ルールが使えない場合に採用されるのが、「責任」という考え方だ。つまり、もし答えが間違っていた場合はそれによって生じることに対して「責任をとる」ということだ。例えば、「食べられる」という結論を出して実際に自分が食べたところ、味が悪かったりおなかを壊したりしても、それは仕方がないと考える（自己責任）。もし間違っていたとしても、それで生じた自分の損害は甘受しようという覚悟さえあれば、確認の言語ゲームに答えられるのだ。実際私たちは、多少のリスクがあっても、そのときはそのときだと、そのリスクを引き受ける覚悟をして、明確な答えを出すことがしばしばある。

自分以外の人に何らかの影響が生じる場合にも、責任という言葉は使われる（むしろそれが本来の使い方だろう）。「これは食べられる」という答えを出し、その答えを信じた他者がそれを食べるという場合に、「大丈夫、私が責任を持ちます」という発言で確認の言語ゲームに決着をつけることができるのだ。

このときの「責任」というのは、何を示しているのだろうか。実際には様々なことがらが責任という言葉で表現されているように思う。もし損害が生じた場合にはそれを補償する、というのも責任の取り方の一つだろう。あるいは、自分が何らかの損害を受けるようにする、言い方を変えれば、何かを「懸ける」ことも責任の範疇に入るだろう。職を懸けるとか、名誉を懸けるとか、現代日本ではあり得ないが、歴史をさかのぼれば命を懸けるということもあった。そういったものをある種の担保として、「間違いない」と言い切ることができるようになるのだ。当然のことながら、答えの重要性、影響を与える範囲の大きさによって、責任というものも大きくなり、何かを懸けるなら大きなものが要求されるようになるだろう。

では、ＡＩの場合はどうだろう。ＡＩは責任を取る、ということができるのだろうか。ＡＩが責任を取ることができるのかどうかは、技術的な問題ではない。ＡＩに何ができるのかという問題ではなく、人々がＡＩ（の行ったこと）をどのように扱うのかという問題、つまり社会的な問題だ。

少なくとも現状では、ＡＩが責任を取るという事態は想定されていない。自動運転車が交通事故を起こした場合に誰が責任をとるのかについて議論が行われているが、そこで想定されているのは、（製品・部品の）製造者や所有者、管理者であってＡＩではない。

ＡＩには「責任をとる」ということができないのなら、ＡＩの判断がもたらす結果に対する責任は誰か別の人間、所有者や製造者などが負わねばならないだろう。しかしそれでは、ＡＩが自ら判断を下すということができなくなってしまう。

これがリンゴであり食べられるという結論が正しい確率は９９・９９９％だと計算したとしよう。人間であれば、これくらい確実なら問題ない。万が一間違っていた場合は自分が責任をとろう、と決断することができるだろう。しかし、ＡＩが自ら責任をとることができないのなら（別の人が責任をとるのなら）、９９・９９９％なら間違っていた場合の責任を引き受けてもらえるのかを責任者に尋ねなくてはならなくなる。

ここで問題にしていることが、自動運転車が事故を起こした際の責任とは性質が異なることに注意してほしい。自動運転で同種の問題が起こるとすれば、それは自動運転ＡＩに対して「その車は安全ですか」と尋ねたときだ。そのＡＩはこの問いに自ら判断してＹＥＳかＮＯで答えることができるだろうか。ＡＩが責任をとることができないのなら、答えることはできないはずだ。

確認の言語ゲームで明確な答えを得るためには、ルールを知ること、または、責任をとることのいずれかが必要だということが、これまでの議論の結論だ。これらは、言語ゲームに社会的な解決を与えるという点で共通している。計算だけで答えが出せるのではなく、他の人間と関わりを持つ中でしか答えが得られないからだ。

評価の言語ゲームも、信頼というものが論点になっていることからも、その解決のために社会的な要素が必要なことは明らかだろう。この点について掘り下げて考えてみたい。

信頼による解決

評価の言語ゲームの例として、歩くという行為についての第三者による評価を取り上げることにする。例えば、自分の歩き方が格好いいかどうか、あるいは美しい歩き方かどうかを評価してもらうことを想定すればよい。すでに説明したように、ここでの問題は、その評価が信頼できるのかどうかを評価する、つまり評価の評価が必要になるということだ。

この問題は、インターネット上の口コミサイトのような匿名空間では確かに問題になってしまうが、そうでなければ、人間にとっては問題でも何でもない。なぜなら、信頼できる人に評価してもらえばよいだけだから。

歩き方を見てもらうなら、友人とか家族とか、周囲にいる信頼できる人物に評価してもらえばよい。そして、信頼できる人物が信頼している人物を自分も信頼する、という形で広げていけば、信頼できる範囲を広げていくこともできるだろう。では、ＡＩには「信頼できる人物」を見分けることができるのだろうか。

もし、「信頼できる」ということが、能力や性格などのように個人の属性であるならば、その人物のそれまでの行動や発言を収集することによって、ＡＩにも判断が可能かもしれない。確かにそれも「信頼できる」ことの要素ではある。しかし、私たちが家族や友人を信頼できるという時には、単に能力や性格を知っているから信頼できるのではなく、「家族だから」「友人だから」信頼できる、つまり家族や友人という関係が信頼できる条件になっているはずだ。それは能力や性格の問題ではなく、親密で良好な関係にある相手には誠実であるはずだという期待があり、そのため(深刻な)うそや隠し事はないだろうと判断しているのだ。ではＡＩにも、関係性に基づいた信頼性の判断は可能なのだろうか。

「家族」とか「友人」という言葉そのものがＡＩにも適用できるかどうかは、本質的な問題ではない。人間とＡＩの間には信頼できることを示す別の名前の関係があってもよいからだ。私は、ここで考える必要があるのは相互性ではないかと思う。つまり、一方的に信頼する(あるいは信頼しない)のではなく、相手から信頼されているからこちらも信頼する、こちらが信頼しているから相手の信頼が期待できる、このようにそれぞれの信頼が相互に依存しあっている状態は実現可能かどうかが問われているのではないだろうか。

私たちがＡＩを信頼することは可能だろう。このＡＩは正常に機能していて、嘘をつくようにはできていないし、間違いもないだろうと判断して信頼するかもしれない。これは、他のさまざまな機械を「信頼」することと基本的には同じだ。また、ＡＩが特定の人間を信頼することも、先に述べた通りあり得ることだ。しかし問題は、それらが相互に無関係だということだ。ＡＩが特定の人間に対して、この人は自分を信頼してくれているようだから信頼に値する、と判断し、また相手を信頼して何かをなすことによって相手からの信頼も勝ち取れると期待できるようになれば、そのとき始めて「信頼関係」が構築できると言えるのではないだろうか。

私たちが他者を信頼できるかどうか見分けようとするとき、個人間の信頼関係以外にも、なんらかの「帰属」に基づいて判断をすることがある。例えば、ある人物が同じ組織に所属していて利害が共通しているので、（その利害に関係することについては）信頼できるとか、ある人物は「敵の陣営」に属しているので、その言葉には注意しなくてはならない、といった判断を私たちはしているはずだ。

ＡＩが何らかの組織（企業など）に所属して（その組織が所有して）いたり、政策決定に影響を及ぼす可能性を持っていたりすれば、情報源となる人物がどのような組織・集団に属しているのか、どのような立場であるのかについて無関心ではいられないはずだ。誰の言葉にも公平に耳を傾けるようなＡＩが危険なことは、明らかだろう。

そのような判断がＡＩに可能であるかどうかは、私には責任を持って答えられないが、絶対に不可能だとまでは言い切れないように思う。ただ、問題は可能かどうか、だけではない。

私たちは、他者を敵味方に峻別したり、自分とは異なる立場にある人の言葉を素直に受け取らなかったり、逆に自分と近い人にはあまり批判的になれなかったりする。そのような判断が全くできなければ社会生活は営めないのだが、一方それらは、偏見や固定観念をもたらす可能性を持ち、社会を分断させてしまうかもしれない。

他者と信頼関係を築く、という表現は耳触りの良いものであるが、利害や価値観の対立が現実に存在する以上、どんな人とでも信頼関係を築くということはおよそ不可能だ。そのため、他者と信頼関係を築くということは、事実上、別の他者とはよそよそしい関係か、場合によっては敵対する関係になるということを意味してしまうだろう。

ここで検討した、ＡＩによる他者への信頼にかかわる問題は、ＡＩが非常に高度に発達した段階で初めて問題になることのように理解している読者もいるかもしれない。しかし、そうではなく、同様の問題はすでに現実に生じている。

２０１６年３月、マイクロソフトが開発したチャットロボット「Ｔａｙ」がナチスを賛美するような発言など、「不適切な発言」を繰り返し、サービスを停止する事件が起こった。[20] Ｔａｙはユーザーとのやり取りから学習し、知識を蓄えてそれを自らの発言に活かすように設計されていたのだが、一部のユーザーの誘導により、不適切な発言を繰り返すようになってしまったというわけだ。

この問題は、技術的に対応が可能な性質の問題ではない。同じくマイクロソフトが開発したチャットロボットが、日本や中国では同じような問題を起こしていないということから、これを技術的に、あるいは運用の仕方によって回避できる問題だと受け止める人もいるだろう。確かに、Ｔａｙなどのチャットロボットが娯楽を提供するためのものであり、全ての人のニーズに必ずしも対応する必要がないのなら、上記のような問題を回避することは可能だろう。ただそのためには、ある種の単語や言い回しなどを人間の手でシャットアウトする必要がある。ある言葉は無視するとか、「分かりません」などの紋切り型の対応をするといったルールを、人間が作って与えなくてはならないのだ。そのようなシステムは、娯楽目的としては意味があるかもしれないが、何らかの意思決定に役立てる（質問・応答の言語ゲームをする）ＡＩを構想する際には大きな障害になってしまうだろう。

この章では、確認の言語ゲームや評価の言語ゲームによって生じる問題を説明してきた。その問題とは、ゲームの主体が単独では（人間なら個人で、ＡＩならば人間抜きに）解決できず、「社会的な解決」が必要だということだ。

質問・応答の言語ゲームの答えがどれほど確かなものかを自分で確かめようとすると（確認の言語ゲーム）、１００％確実だと言えることはほとんどなく、ある程度のリスクは覚悟する必要がある。では、どの程度のリスクなら許容範囲なのかというと、それについては社会的な基準（ルール）に頼るか、そのリスクを自らが引き受ける（責任）しかない。

また、他者の評価が信頼できるものなのかを確かめようとすると（評価の評価）、その内容によって評価できなければ、評価する人を信頼するしかない。そしてそのためには、一方的に信頼するのではなく、相互の信頼関係を築く必要がある。

ＡＩが科学技術計算のような限定された範囲での活動だけでなく、多くの人に影響を与える社会的な意思決定に参加するようになるのなら、このような問題に対応する必要がある。つまり、ＡＩも社会性を持つ必要があるのだ。それは可能なのだろうか。あるいは、それは社会にどのような変化をもたらすだろうか。この問いについては第４部で考えていきたい。

第3部　命令・行為の言語ゲーム

第3部では「命令・行為の言語ゲーム」を扱う。

まず第6章では、言語と身体運動がどのように結びついているのかを考察する。これまでは（実践的）推論が強調されてきたが、学習もまた言語と身体運動を結びつける回路であることを明らかにする。

第7章では、命令・行為の言語ゲームの前提になる、「命令」がどのように受け止められるのかを考察する。AIは命令に背いたり無視したりすることはないのか、AIは人間と同じようにルールに従うことが出来るのか、といったことが検討される。そして最終的な結論としては、（第2部と同じく）この問題には社会的な解決が必要であるということだ。

第6章　行為と言語

「言語ゲーム」という言葉には、言語によって行われるゲームというようなイメージがつきまとってしまうようだ。そのため、質問・応答の言語ゲームについてはそれを言語ゲームと呼ぶことに抵抗は少ないだろうが、命令・行為の言語ゲームについては、そもそもそれがなぜ言語ゲームと呼べるのか、というところから説明を始める必要があるかもしれない。

本書における言語ゲームの定義は、「言語によって志向性を与えること、及び、言語によって志向性を与えられたいとなみ」ということだった。命令・行為の言語ゲームの場合、志向性を与えるのが命令であり、志向性を与えられたいとなみが行為だ。そして、行為というのは当然のことながら、具体的な身体運動を含んでいる。そのため、命令・行為の言語ゲームは、言語という世界（あるいは思考といっても良いかもしれない）の中だけでゲームが完結せず、それが身体運動となって現れることまでを含んだ概念である。おそらくそのことが、これを言語ゲームと呼ぶことに対する違和感と関連しているのではないだろうか。

そこで、この章では、言語的な活動がどのようにして身体運動を引き起こすのかを明確にしたい。本書ではその道筋として、二つのものを想定している。

〈実践的推論〉

一つ目は、言語的な思考である。何らかの思考の結果として身体運動が引き起こされる。このような思考を、哲学的行為論の伝統に従って、実践的推論と呼んでおきたい。

実践的推論の出発点は命令である。ここで言う「命令」とは、志向性（方向付け）を与える振る舞いであることのみを意味しており、なんらかの強制力を含意したものではない。ただ単にやるべきことを指示していることだけが、現在の議論の焦点であり、指示されたことをやるべきなのか、やらなくてもよいのか、あるいはやるべきでないのかといったことは、次の章で議論したいと思う。

実践的推論の出発点を命令だとする考え方については、異論があるかもしれない。例えば信念（何らかの事実を認識し事実だと受け止めること）を出発点とした推論や、欲求を出発点とした推論も考えられるからだ。しかし、信念や欲求はそれ自体が志向性を明示的に与えるわけではない。そのため、命令によって与えられた志向性が存在しなければ、信念や欲求から推論は行われないのだ。このことについては、例を挙げて説明しておこう。

例えば以下のような推論について考えてみよう。

雨が降ってきた。
傘をさそう。

「雨が降ってきた」というのが信念であり、そこから、傘をさすという行為が導かれている。このような推論もあり得るのではないだろうか。

しかしよく考えてみると、雨が降ってきたから傘をさすという結論に至るのは、その人が何かをしているからだ。例えば窓から外をただ眺めているだけであれば傘をさそうと思うはずがない。どこかに行こうとしていたり、屋外に居つづける必要のある仕事をしていたりしているからこそ、傘をさそうとするのだ。

第2章でも書いたように、「雨が降ってきた」というのは何らかの問い（天候を問う問い）への答えだと本書では考える。ではなぜ天候を問うのかと言えば、天候を問う必要のある状況、つまり何らかの（命令・行為の）言語ゲームが行われているからだとしか考えられないのだ。

私たちは常に何らかの言語ゲームを行っており、「その中で」ものごとを考えている。例えば、朝起きたとき、今日は一日何をするのかを私たちはだいたい分かっている。今日は平日なので、いつも通り出勤して仕事をし、今日はそれほど忙しくなさそうなので定時に退社し、買い物をして帰宅。夕食を作って一人でそれを食べ、借りていたＤＶＤを見て11時ごろに寝る。そういった一連の流れは、日々の暮らし、あるいは日常生活とでもいうべき一つの言語ゲームだ（これがどのような志向性を持つのかは考えてみてほしい）。さらにそれと並行して、仕事や勉強などに関わる中長期的なプロジェクト、例えば取引先との交渉や企画立案、中高生なら入試のための勉強など、さまざまな言語ゲームが継続中かもしれない。そういった言語ゲームの中のどの位置にいるのかを把握しているからこそ、私たちは状況に対応できるのだ。例えば普段とは違う場所で普段とは違う時刻に目覚めたとき、今自分がどのような状況なのかがすぐにはつかめないことがある。なぜ私はこんなところにいるのだろうか、どういう経緯で今に至ったのだろうか、と。記憶をたどって、現在の状況がつかめたとき、はじめていろいろなことに対応できるようになり、行動が可能になる。これは、継続中のいくつかの言語ゲームに復帰した、ということだ。コンピュータで例えるなら、スリープ状態にあるパソコンに電源を入れたとき、スリープに入る前の状態（メモリ）を復元し、中断した位置から再スタートすることによってはじめて、パソコンの様々な機能、例えばマウスやキーボード操作への対応が可能になることと同様だ。つまり、まず基本的な言語ゲームが実行中でなければ、信念などの状況判断は意味を持たない、ということだ。

欲求についても基本的に同様だ。例えば「おなかがすいたから食事にしよう」というのは、欲求から始まる推論のように見えるが、実際に私たちの日常生活を考えれば、そんなに単純なものではないことが分かるはずだ。

少なくとも日本では多くの人が、朝・昼・夜の３回食事をとる生活をしている。そのため、例えば夕方になれば、そろそろ夕食にしようかと考える。そしてその際に、今行っている活動の状況やおなかのすき具合なども考慮して、いつ夕食にするか、何を食べるのかなどを考える。「おなかがすいたから食事にしよう」という推論はそういったプロセスの一環として行われるはずだ。つまり、この場合にも「（食べることを含む）一日の生活」という言語ゲームの中で欲求が問われ、その答えが活用されているのだ。[21]

実践的推論は命令から出発し、最終的には具体的な身体運動に至る。つまり、単なる思考ではなく、身体運動に至る思考であり、これが実践的推論の特徴を際立たせている。そのため、この章で取り上げる事例は、身体運動の要素が大きい、スポーツなどが適当だろう。そこで、サッカーという「ゲーム」について考えてみたい。

まず、サッカーというゲームを始めるところから議論をスタートさせる。なぜサッカーをするのかはここでの議論の対象ではない。体育の授業でサッカーをすることになったからとか、友だちに誘われたからとか、体力づくりやダイエットのためとか、どんな理由であっても、サッカーをすることになれば、そのゲームの志向性によっていとなみが方向づけられる。その方向づけをするのが「命令」なのであり、それ以前を無視することが、命令を出発点とする、ということだ。

サッカーというゲームの主要な志向性は、腕以外の体の部位を使ってボールを相手のゴールまで運んで得点を上げ、相手より多くの得点を得ることを目指すことだと説明できるだろう。

では、このサッカーというゲームにおいて、言語はどのような役割を果たしているのだろうか。

状況判断

まず、状況の変化に応じた柔軟な対応が可能になる、ということがあげられる。状況の変化に対応するためにはまず状況を知らなくてはならない。つまり、状況判断が必要なわけだが、そのために必要なのが（状況を知るための）質問・応答の言語ゲームである。例えば今の自分の状況を問えば、その答えとして、数人に囲まれそうになっている、とか、フリーで前にスペースがある、といった答えが得られる。そしてそれに応じてパスをするとかドリブルで突破するといった選択が可能になるわけだ。また、チームメートの状況を問えば、誰々が裏に抜け出そうとしているとか、自分の後ろでバックアップに入ってくれているといったことが分かるのかもしれない。

このような質問・応答の言語ゲームはもちろん言語で答えを返す。それゆえ、その答えを活用するプロセスもまた、言語的なものであらねばならないのだ。

もちろん、言語がなくては状況判断が一切できない、ということではない。人間のような言語を持たないと考えられる動物でも、状況判断はもちろんしているわけだから。しかし、質問・応答の言語ゲームが言語的なものであることによって、非常に複雑な状況把握と判断が可能になり、なおかつそれをいくらでもバージョンアップしていけるのだ。

予測と計画

サッカーにおける状況把握の理想的な状態は、ピッチ（サッカーが行われるフィールド）を上空から見渡すような視点ですべての選手やボールの位置と動きを把握することだと言われている。確かにそれができれば、状況判断としては完璧なのかもしれない。しかし、実際のサッカー選手はそれ以上のこともしている。それは、そのような状況はこれからどのように変化していくのかを予測し、どのように変化させていきたいのかを計画している、ということだ。例えば、ディフェンダーの裏に走り込もうとしている味方選手が見えていて、その選手は3秒後にはどのあたりに到達しているのかが予測できる。自分がパスを出して3秒後にその位置に届くようにするには、どのタイミングでどのくらいの強さで蹴ればいいのか。パスをカットしそうな相手選手の動きはどのように予測できるのか。そういったことを考えて、数秒後の状況を予測し計画しているはずだ。

　このような思考もまた、言語によって可能になる。瞬間的な判断の場合は後述するように、言語的な思考を伴わず、「直感的に」とか「反射的に」と言った言葉で表現されるようなこともあり得るだろうが、ある程度長いタイムスパンの予測や計画となると、言語なしには困難だろう。

　スポーツではないが、ＡＩによる予測と計画がすでに人間と並ぶまでに進化している領域がある。囲碁や将棋などのゲームだ。これらは、サッカーと比べて情報量が圧倒的に少なく、プレイヤーの数がそれぞれ一人で、時間的な余裕もかなりあるという違いがあるが、予測と計画の基本的な仕組みは変わらないはずだ。そのため、コンピュータに十分な能力があれば、サッカーにおいても、各選手の位置と運動量や姿勢、ボールの位置と運動、そしておそらくは選手の個性（身体能力や技術など）などのデータをもとに、数秒後の状況を予測したり自分がなすべきことを導き出したりすることができるはずだ。囲碁や将棋と比べるとその情報量はまさしく桁が違うということになるが、原理的に不可能とまでは言えないだろう。しかし、ただ単に物理的な状況の変化を予測しただけでは何の意味もない。（実際の選手たちがしているように）誰々が右サイドからセンタリングを上げることが予測できるので、それに合わせて走り込もうとか、合わせられないようブロックしようといった、言語による特徴付けが行われることによって、初めて意味のある予測になり、計画が可能になるのだ。

知識の記憶・記録と伝達

状況判断や予測・計画は、（複雑なものでなければ）言語がなくても可能だ。しかし、それをその場限りの判断や予測だけではなく、将来の行為にも活かそうとするなら、言語の必要性はより大きくなる。例えば、相手のフェイントを的確に見抜いて対応することができた経験は、それを「相手の動きはこのような特徴を持っていたのでフェイントだと分かった」といったように言語化し、記憶することができれば、経験則として将来のプレイに活かされやすくなるだろう。経験は言葉にすることによってより確実に記憶され、必要があれば文字として記録することも可能になるのだ。

さらに、言語で表現された経験は、他者に伝達することが可能になる。個人が蓄積した経験則は、記録されたり他者に伝達されたりすることによって、共有された知識となる。サッカーというゲームにおいても、私たちはそのような知識をいくらでも目にすることができる。入門書や教科書などに書かれた基礎的な技術の解説。著名な選手や指導者が語る技術や戦術などに関する解説。個々のサッカーチームでも、語り継がれている技術論や戦術論があるかもしれない。新しくサッカーを始める人たちは、そのような知識を吸収することによって、より効率的に技術を身につけていくことができる。そして、先達が到達した地点を自らの出発点として、より先に進むこともできるのだ。

ゲームの共有

そして最後に、言語は複数の人間がゲームを共有することを可能にするということを、強調しておきたい。

サッカーのチームがチームとして有機的に動けるようになるためには、言葉による戦術の共有が不可欠だろう。積極的に攻めていくのか、しっかり守ってカウンターを狙うのか。誰にボールを集めるのか。敵の有力選手の動きをどうやって封じるのか。動き出すタイミングをどのように計るのか。こういった点に関する意思統一が、言葉によってしっかりとできていなければ、チームは機能しない。

プレイ中は、長々と言葉をかけあう余裕などなく、ジェスチャーやアイコンタクトでコミュニケーションが図られているだろうが、それらもその背景に言葉による理解があるからこそ意味を成すのだと考えられる。

以上のように、私たちは言語を用いることによって、自らの身体を制御している。的確な状況判断や予測をもとに身体をどのように動かせばよいのかを計算していることはもちろん、その経験を言語化することによって知識を蓄積し、より高度な身体運動を作り上げる。さらに、知識を共有し、言葉によってコミュニケーションを行うことによって、集団的な行動も可能になる。

もちろん、このような言語による身体の制御はスポーツに限らない。自分の手足で直接何かを行うことはもちろん、道具を用いる場合もその道具の操作はなんらかの身体運動である。車の運転であれば、ハンドルを捜査する手の動き、ブレーキやアクセルを操作する足の動作など、あらゆる操作が最終的には何らかの身体運動に還元される。車を発進させようとすれば、まずギアをドライブモードに入れる。そしてそれは（日本車であれば）左手を動かしてレバーを移動させたりスイッチを押したりする動作を行うということだ。

このように、命令が身体運動を引き起こす仕組みの一つは、言語的な思考、実践的推論だ。しかし、これがすべてではない。

例えばサッカーにおいて、様々な状況判断から、味方にパスをするという選択をしたとしよう。この選択が実践的推論によってなされたことはすでにみた通りだ。そして、味方に効果的なパスをするためには、どの方向にどのくらいの強さでボールをキックすればよいのかを判断しなくてはならない。自分と味方、相手ディフェンダーの位置や運動量などから適切なキックの仕方を計算することもまた、実践的推論だろう。では、そのキックをするために、どの筋肉にどのように力を入れ、どの関節をどの角度まで動かせばよいのか、といった具体的な体の動かし方まで、私たちは「考えて」いるのだろうか。

もちろんそんなことはあり得ない。「この方向に強めにキックしよう」といった決断までは言語的に行われる(可能性がある)が、それよりさらに具体的なレベルまで、例えば左のハムストリングスを○○ニュートンの力で0・03秒間収縮させる、などと考えているはずがないからだ。

では、なぜ「この方向に強めにキックしよう」と考えるだけで、私たちは自分の筋肉などを適切にコントロールすることができるのだろうか。それは、練習のたまもの、つまり「学習」といういとなみが行われているからだろう。そのため、学習もまた、言語と身体運動を結び付けるものとして考慮する必要がある。

〈学習〉

サッカー選手がキックという動作ができるのは、キックという命令に方向づけられて、さまざまな筋肉をどのように動かせばよいのかを考えているからではない。そんなことをしなくても、選手はキックしようと思うだけでボールをキックすることができる。これはもちろん、キックの仕方を学習したからだ。

では、キックの学習はどのように行われるのだろうか。

私がここで問いたいのは、キックを学ぶ具体的な方法論ではない。それはサッカーの技術的な解説書などを読んでもらうしかないだろう。そうではなく、身体運動の学習というういとなみが成立する条件は何かを考えたいのだ。

身体運動の学習は知識を得るだけで実現するものではなく、実際に体を動かしてみることが不可欠だろう。そして、体を動かした結果を評価し、より良い動かし方を身につけていくことになるのだ。キックの学習であれば、実際にボールを蹴ってみて、それがうまくいったかどうかを確かめ、よりよい結果になるように修正していくことになる。つまり、キックの学習のためには「よいキック」がどのようなものなのかを示す評価基準が必要なのだ。

例えば正確さは一つの評価基準になるだろう。まずは自分が望む方向にボールを蹴ることができなくてはならないからだ。最初はなかなか思った方向にボールが飛ばないかもしれないが、何度も練習を繰り返すうちに正確性は増していく。あるいは、ドリブルしている状態からキックするまでの時間の短縮が必要だったり、相手に蹴る方向やタイミングを予測させないキックが求められたりするのかもしれない。そのような評価基準を意識することによって、キックの学習は可能になる。

もうお分かりだと思うが、これは、キックといういとなみが志向的であるからこそ学習が可能である、ということにほかならない。第1章では、コンピュータの強化学習について説明し、それが志向的であることを示したが、人間がキックの学習をすることもコンピュータの強化学習と似たものだと考えることができる。また、これも第1章での議論と同様だが、重要なことはこれらの基準（正確さや迅速さなど）が「キック」という言葉と結びついていること、つまり、キックするという言語ゲームの志向性であるという点だ。キックの学習（練習）をする人は、それがキックの練習だと理解しており、それゆえにより正確に、より迅速にと自分の身体運動を制御していくのだ。

スポーツはもちろん、私たちの基本的な身体運動のすべてが、このように言葉と結びついて学習されたものだ。例えば人間は、歩くことそれ自体は言葉がなくても習得していくが、それぞれの文化に応じた「ちゃんとした歩き方」は、良い歩き方の基準も含めて学習しなくては身につかない。立つ、座る、走るといった動作も同様だ。様々な物の操作、例えば「持ち上げる」という動作も、その言葉の志向性に導かれ、その物の形状や重さに応じた体の動かし方を身につけていく。物をつまむ、回す、叩く、開く、といった恐ろしく器用な私たちの身体運動は、言葉に導かれて学習されていく。知的な活動に欠かせない身体運動、例えば本のページをめくることやパソコンのキーボードで文字を打つこと、言葉を発音することなども、言葉に導かれて学んだことだ。

言語ゲームの志向性は、思考（推論）を可能にするだけでなく、学習を可能にする。そしてその二つ、推論と学習が、言語と身体運動を結び付ける回路だ。

これまでＡＩと人間との比較は、思考という側面が強調されすぎてきたのではないかと私は考えている。しかし、それだけではなく、学習という側面からも考える必要があるのではないだろうか。ＡＩは人間と同じように学べるのか、と。

人間の思考と学習は、どちらも言葉によって方向付けられている（志向的である）という点での共通性がある。そのためこれらは異なるいとなみだと理解するより、一つのいとなみの異なる側面だと理解した方がよいかもしれない。実際私たちは、推論と学習を融合させたような形で用いているのだ。最後にこのことについて考えてみたい。

〈推論と学習の融合〉

私たちが何かを学習するとき、ただ機械的に動作を繰り返すのではない。よりよくなるように様々なことを考えているはずだ。

例えばキックであれば、ボールをミートする位置がずれているようだから修正しよう、とか、軸足の位置をもう少し前にした方がうまくいくのではないか、といったように、うまくいかない理由や改善の仕方を考えることによって、より効果的な学習ができる。これは学習に推論を組み合わせることによって学習の効率を高めているのだと考えられる。身体運動に関する学習であっても私たちは頭を働かせているのだ。

ＡＩの機械学習が、（少なくとも現状では）人間よりも効率が劣るのは、推論の要素が少ないからだろう。そのため、とにかく「手あたり次第」に試行回数あるいはデータを増やしていかなければ学習の成果を得られない。ＡＩは人間をはるかに上回る計算速度と膨大なデータの利用によって効率の悪さを補おうとしているのだが、そのような方針でどこまで人間に近づけるのかは、あとの章で検討したい。

推論と学習の融合は、ほかにも様々な形で見ることができる。例えば、かなり複雑な行為であっても、最初はいちいち考えながらしていたことが、徐々に考える必要がなくなり、そのうちほとんど無意識にできるようになる、といったことがそうだ。ある場所に初めて行くときには、交通機関を調べ、乗り継ぎでは慎重に電車の行き先を確かめ、駅からは地図を見ながら進むかもしれない。しかし、何度も繰り返すうちに考えることは少なくなり、そのうち考え事をしながらでも、「足が勝手に」行くべき方向に向くようになるだろう。

もしかしたら読者の中には、「実践的推論」というものがあまりリアルには感じられないという人がいるかもしれない。雨が降ってきたから傘をさす。そんなことをいちいち考えてはいないのではないか。これもまた、何度も繰り返すことによって学習がなされ、ほとんど考えることなく傘をさしている、ということなのかもしれない。

この章は、命令・行為の言語ゲームを扱っており、特に身体運動の要素が大きいスポーツを中心に論じてきたが、実は、質問・応答の言語ゲームでも推論と学習の融合は生じている。このことは、計算について考えてみればすぐに分かることだ。

計算は、問いに対して答えを出す、まさに質問・応答の言語ゲームであるが、私たちはこれを「学習」によって身につけている。おそらくすべての人が、子どもの頃に嫌になるほど計算練習をさせられたはずだ。正しい答えをなるべく早く求めるために、どのように頭を働かせ、場合によっては手を動かせばよいのかを学習し、その結果私たちは計算を自在にこなすことができるようになる。そのようにして身につけたものであるからこそ、私たちの計算という志向的ないとなみと、コンピュータが行う機械的な計算とは、まったく違うものなのだ。おそらくほとんどの人は、９９９９＋１を計算せよと言われたときに、一の位から順番に繰り上がりをして答えを求めたりしないだろう（少なくとも現在のコンピュータは律義に計算するはずだ[22]）。学習によって身につけたものであるからこそ、「答えを知っている」ものについてはいちいち計算しなくても答えを出してしまえるのだ。

このように、推論と学習を分けて考える必要はなく、どちらも「志向的ないとなみ」のある側面を取り出したものに過ぎないのだと理解することが必要だと私は考えている。

第７章　命令の拒否と強制力

第６章でも説明したように、命令・行為の言語ゲームは命令から始まる。この「命令」は、志向性をもたらす、言い換えるならいとなみを方向づけるものであるが、何らかの強制力を含意するものではない。ということは、この命令は、常に実行されるとは限らず、拒否される可能性もあるということだ。実際私たちはここでの「命令」に該当するような、指示、要求、依頼、要請などの行為を使い分け、ある場合にはそれを受け入れたり従ったりするし、またある場合には、断ったり無視したりすることもある。

このように、ある「命令」に従うべきなのかそうでないのかを判断したり、抵抗する者を無理やり従わせたりする方法は、私たちの集団的ないとなみを考える上で極めて重要なトピックだ。そして、これはＡＩと人間を比較する上でも、重要な論点になると私は考えている。

そこで、この章では命令を拒否することや、拒否されてもなおある行為を強制する方法について考察する。

〈命令の拒否〉

ＡＩについて考える上で、命令に従うかどうかの判断がなぜ重要なのかは、実際に現在のコンピュータやロボットがどのようにしてこの課題を処理しており、それがどのような問題をもたらしているのかを考えれば分かる。

例えばあなたが使っているパソコンやスマートフォンは、あなたの命令に背くことはないし、他の人の命令には従わないようにできている。ではどのようにして従うべき命令とそうでないものを区別しているのかというと、ユーザー認証という仕組みがそれを可能にしているのだ。

パソコンを起動したときには、ユーザー名とパスワードの入力が求められる。あらかじめ登録されているユーザー名とパスワードをキーボードから打ち込めば、ユーザーはそのユーザー名に与えられた権限の範囲で、コンピュータに命令することができるようになり、コンピュータはそれを拒否することはない。近年ではパスワードの代わりに、指紋や網膜、静脈などのいわゆる生体認証という技術も実用化されつつあるが、ユーザー認証という仕組みには基本的に変わりはない。

このような「命令を判断する方法」は、AIが人間に近づくようになっても基本的に変わらないものなのだろうか。あるいはそれで人間に近づいたといえるのだろうか。

もし、AIが将来重要な決定に関わるようになり、社会的に大きな影響力を持つようになれば、このような方法は様々なリスクをもたらすことになるだろう。

すでに現在でも、パスワードの漏洩などによって多くの問題が生じている。重要な情報(例えば個人情報)を管理しているコンピュータのパスワードが破られれば、その情報が盗み出されてしまうし、実際にそのような問題は後を絶たない。もちろん、様々な対策が講じられているのだろうし、生体認証などの導入による改善も期待できるのかもしれないが、ここで議論したいのは、どうすればユーザー認証がより安全になるか、ということではない。ユーザー認証だけに頼るような方法そのものについて考えてほしいのだ。

現在のコンピュータシステムは、ユーザー認証さえ突破し、正規のユーザーだと認められれば、（そのユーザーの権限の範囲内では）どのような命令でも無条件に受け入れられてしまう。もし人間であれば、この人はどうして大量の個人情報をダウンロードしようとするのだろうか、そんな必要はないはずじゃないだろうか、といった疑問を抱く可能性があるようなことも、ユーザーの権限さえ確認できればそのまま実行してしまう。ユーザー認証さえあれば、多くの人に不利益を与えかねないようなことであっても、人に危害を加える可能性があるようなことであっても、システムに混乱をもたらし破壊してしまうようなことであっても、ためらいなく実行してしまう。ＡＩが人間に近づき高度な能力を持つようになっても、この点については変えられない、あるいは変わるべきではないのだろうか。

もし、ＡＩが必ずしも人間の命令に従わずに自分自身の判断基準を持つようになるべきだと考えるなら、別の問題が生じる可能性がある。それは、「ＡＩの（人間に対する）反乱」だ。実際、ＡＩの発展は将来人類を滅ぼす可能性があると警告する研究者もいるのだ。そのような事態にならないように、ＡＩが自分自身では解除できない絶対的な命令（例えばＳＦ作家アイザック・アシモフが考案した「ロボット工学の三原則[23]」のような）を組み込むといったことも検討されているようだが、それは果たして実現可能なのだろうか。

要するにこれは、私たちはいかにしてＡＩをコントロールできるのか、という問題なのだ。もしＡＩが自分自身の意志を持つようになり、それを直接（プログラムやパラメータの書き換えなどによって）コントロールできないのなら、それ以外のコントロールが必要になるということだ。この問題は様々な形で議論されているが、本書では、人間の場合はいかにして互いをコントロールしているのかを参考にして、ＡＩが目指すべき方向を考えてみたい。

〈合理的選択の言語ゲームと責務判断の言語ゲーム〉

人間はいかにして互いをコントロールしているのか、という問いは、そう簡単に答えが出せるような性質のものではないが、本書の立場では、行為選択（するかしないかも含めて）に関わる質問・応答の言語ゲームを想定することによって、考察の道筋を示すことができる。

ある行為を命じられたとき（指示されたときや依頼されたときも含む）その行為をした方が良いのかどうか、あるいはしなくてはならないのかを考えることは、質問・応答の言語ゲームの一つだ。また、自分で自分に行為を命じる（しようと決める、決断する）ときも、した方がよいか、しなくてはならないかを判断するだろうし、何をするべきか、しなくてはならないか、という問いが立てられることもあるだろう。

これらの問いは、性質の異なる二種類の言語ゲームに分類できると私は考えている。一つは合理的選択の言語ゲームで、もう一つが責務判断の言語ゲームだ。

合理的選択の言語ゲームとは、行為の選択肢（どの行為を行うのかという選択肢や、行為をするかしないかの選択肢）それぞれがもたらす結果を予測し、何らかの基準で最も望ましい結果をもたらす選択肢を選ぶという言語ゲームである。例えば何かを命じられた時に、それに従った際に得られる報酬や行為にかかるコストと、従わなかった際の損失などを比較して、従うべきかどうかを判断するといったことである。私たちが実際にこのようなゲームをしばしば行っていることは疑いないだろう。

このようなゲームについては、計算によって最適な解を求める方法が研究されており、ＡＩが同様の判断をすることは容易であるように見える。それが本当かどうかはのちに検討するが、もう一つの方法との比較のため、合理的選択の言語ゲームの特徴を整理しておこう。

まず、合理的選択の言語ゲームは、「選択」という言葉が入っていることからも分かるように、複数の選択肢から最適なものを選ぶゲームである。つまり、相対的な判断をしていることをまず確認しておきたい。そしてそのために、このゲームは、「(いくつかの選択肢の中から)何をするべきか」という問いや「それをするべきかどうか」という問いには答えられるが、「してもよいのか」「してはならないことなのか」という問いには答えられない。後者の問いは、相対的な判断ではなく、絶対的な基準(それが後述するルールということになる)に基づいた判断だからである。

そして最後に、合理的選択の言語ゲームを行う人を、他者がどのようにコントロールできるのかということを考えてみたい。合理的選択は予想される結果の評価に依存するのだから、他者がその評価に影響を与えることができるとすれば、それはサンクションによって、ということになるだろう。他者が選ばせたい選択肢には、報酬を用意し、選択されやすくする。逆に他者から見て望ましくない選択肢を選べば損失を被るようにする。つまり、いわゆる飴と鞭を用意するのだ。

以上の考察から、人間が互いをコントロールする方法の一つ、そしてＡＩにもそれが可能かどうかを検討するべき課題の一つは、サンクションによるコントロールということになる。

行為選択にかかわるもう一つの言語ゲームは、責務判断の言語ゲームである。このゲームは「何をするべきか」あるいは「それするべきかどうか」といった、比較による相対的な判断ではなく、「してもよいのか」「してはならないのか」という問いに絶対的な基準に基づいて答えるゲームである。そして、そのための判断基準がルールである。

一口にルールといっても様々ものが考えられる。法律や規則はもちろんルールだし、道徳規範や慣習といった曖昧なルールもある。いわゆる「常識」の中にもルールと言えるものはあるだろう。本書では、成文化されているかどうかといった形式的な違いで限定はせず、法律も慣習もルールに含めて考えるが、責務判断の言語ゲームの特性上、行為の禁止や強制にかかわるルールだけを考察の対象としたい[24]。

サンクションによるコントロールとの違いを明確にするために、一つだけ事例を挙げておこう。

ある生徒が、先生から宿題を出されたとする。その宿題をするべきかどうか、あるいは、しなくてはならないのかどうかを、どのように判断するだろうか。

合理的選択の言語ゲームでは、宿題をした場合としなかった場合の結果を比較することになる。もし宿題をしなかったら叱られるだろう。叱られて嫌な思いをするくらいなら、面倒でも宿題をした方がましなので、宿題を「するべき」だ。このように考えるのが合理的選択の言語ゲームだ。そして、それを前提とするなら、先生の側は、宿題をしなかった者に叱責などの罰を与える、というコントロール方法をとることになる。

責務判断の言語ゲームでは、先生に宿題を出す権限があり、生徒はそれに従わなければならないというルールがあるかどうかを確認する。[25]そして、正当なルールがありそれが今回の宿題に適用できると判断できれば、宿題は「しなくてはならない」という結論が得られる。先生（あるいは学校）の側がしなくてはならないのは、ルールを作ること（あるいは教えること）だということになるだろう。

ルールを適用する責務判断のゲームは、ルールに照らして強制・禁止されているかどうかを判断するだけなので、合理的選択のゲームよりも単純に見えるかもしれない。しかし、実際には非常に繊細で複雑な言語ゲームなのだ。そのことを示す事例を一つ紹介しよう。

ティム・クレインは、コンピュータは考えることができるかどうかを検討する中で、バスの運転手が「許可なく決まった道を離れてはならない」という厳格な規則に忠実だったために、心臓発作を起こした乗客に適切な対応ができなかった事例を検討している。[26]もし、この運転手の判断が間違いであり、規則はどんな場合でも形式的にその通りに従っていればよいというものではなく、状況に応じた柔軟な運用が必要なのだとすれば、それはコンピュータ（ＡＩ）にも可能なことなのだろうか。クレインは、規則の柔軟な運用のためには「常識」が必要だと考えており、[27]その常識をコンピュータが身につけることができるのかを検討している。

私は、この問題には単に常識の有無ということだけではない、さまざまな問題がかかわっていると考えているが、いずれにせよＡＩをルールによってコントロールするということは思いのほか難しいことなのだ。

では、サンクションによるコントロール（合理的選択の言語ゲーム）と、ルールによるコントロール（責務判断の言語ゲーム）のそれぞれについて、それがＡＩの場合にも可能であるかどうかを詳細に検討してみよう。

〈サンクションによるコントロール〉

ＡＩをサンクションでコントロールすることは可能か。この問いは奇妙に聞こえるかもしれない。今あるコンピュータやロボットのすべてがそうであるように、汎用ＡＩもまた、人間の命令に従うように作られているはずであり、サンクションによるコントロールというものがそもそも必要ないと考えるほうが普通だろう。しかし、ＡＩが人間に近づこうとするのなら、命令されなくとも自発的に行動することが求められるかもしれない。その際、ＡＩは、何をするべきで、何をするべきではないのかをどうやって判断するのだろうか。

すでに説明したように、その判断をするための方法の一つが、合理的選択の言語ゲームだった。そして、合理的選択をする行為主体をコントロールする方法として、サンクションが必要になるわけだ。では、ＡＩも合理的選択の言語ゲームをするなら、ＡＩをコントロールするためにサンクションが必要になるだろうか。

実際には、ＡＩに対してサンクションによるコントロールが必要になるのは、ある条件が満たされた場合に限られる。その条件とは、ＡＩが「個人的な利害[28]」を持つということだ。逆に言えば、集団的な利害に関わる合理的選択の言語ゲームを行うだけであれば、ＡＩに対してサンクションによるコントロールを行う必要はない。

例えば、ＡＩ（を搭載したロボット）がサッカーのチームに加わっているとしよう。もしそのＡＩが相手プレイヤーに故意にけがを負わせるような危険なプレイをすれば、退場になってしまうかもしれない。そうするとチームが不利になってしまうため、合理的な選択としてそのような危険なプレイはするべきではない。そのようにＡＩが判断するならば、それは退場というサンクションが有効に機能しているということではないだろうか。

確かにサンクションは機能しているかもしれない。しかし、この場合のサンクションはあくまでもチームの利害（勝負に対する有利・不利）に関わるものであり、チームに対するサンクションだと理解するべきだろう。人間の場合なら、これに加えて、反則で退場になれば自分自身も不利益（チームからの信頼を失うとか、ファンの期待を裏切るなど）を受けると考えるかもしれない。そうであるなら、退場というサンクションは、選手個人に対するサンクションでもあると考えてよいだろう。だがＡＩが個人的な利害を持たないのであれば、（選手個人に対するサンクションに対応するような）ＡＩだけに対するサンクションは機能しないはずだ。

ここまでの議論からは、個人的な利害は個人に対するサンクションが機能するための条件だということが分かる。では、個人に対するサンクションの必要性という観点から考えればどうなるだろうか。もし個人的な利害がないのなら、個人に対するサンクションが機能しないので、当然個人に対するサンクションの必要性もない。では、個人的な利害があるのなら、個人に対するサンクションは必要なのだろうか。この問いに答えるためには、犯罪について考えてみればよいだろう。

犯罪の多くには、個人的な利害が関与している。経済的な利害はもちろんだし、人間関係に関わる個人的利害も犯罪の動機になりえるだろう。そして、犯罪を抑止する手段として、刑罰というサンクションが用いられている。つまり、個人的利害があるなら（合理的な判断の結果）犯罪のような逸脱行為が生じる可能性を否定できず、それを抑止するためにサンクションは必要になると考えられる。

ＡＩの犯罪などを持ち出しても、ＳＦ小説（ファンタジー小説）のようであまり現実味は感じられないかもしれない。確かに、個人的利害と無縁である現存のコンピュータやロボットが犯罪行為をしてしまうということは考えられないだろう。しかし、個人的利害は必ずしも人間と同様である必要はない。欲望とか自尊心のような心理的なものをイメージするなら、それはＡＩにはそう簡単に手が届かないものだろう。しかし、自らの維持管理の費用を自分で稼ぎ管理するＡＩ、ということならどうだろうか。そしてそのＡＩが、より多くの資金を投入してより高速で大容量のシステムを構築するように「方向づけられて」いればどうだろうか。そのようなＡＩが、自ら管理する会計システムを違法に操作してその資金をねん出しようとしない保証はどこにあるのだろうか。

とはいえ、そのような（経済的に自立した）ＡＩという想定でさえ、今のところあまり現実味はないだろう。そして、そのような可能性が懸念されるなら、個人的利害を持つＡＩを作らなければいいだけの話なのかもしれない。そうすれば何も問題は生じないのではないだろうか。

ここで、第5章で「責任」について言及したことを思い出してほしい。そこでは、ある種の質問・応答の言語ゲーム（確認の言語ゲーム）に答えるためには、責任を持つ、あるいは、責任を取る、ということが必要だという結論を得た。そして、責任を持つためには、個人的な何か、地位や立場や名誉や身体などを懸ける必要があると主張したわけだが、それらの、個人的な何か、とはまさにこの章で言及した個人的利害なのではないだろうか。

つまり、何らかの個人的な利害を持つことによってはじめてそれを「懸ける」ことができ、それが「責任を持つ」ということなのだ。ということは、個人的な利害を持つことなく責任を持つということもまた不可能だということだ。

〈ルールによるコントロール〉

ＡＩをルールでコントロールすることはそう難しくないように見えるかもしれない。実際、現行のコンピュータもロボットも、無数のルールに従って動いている。それらのルールはプログラムとしてメモリに書き込まれており、それを書き換えるだけでいくらでも新しいルールに対応することができるはずだ。しかし、人間が社会生活を営む上で参照しているルールとコンピュータの動作を制御するルールにはいくつかの非常に大きな違いがあり、そのため、コンピュータを人間のルールによってコントロールすることは容易ではない。そこで、それらの違いを順に取り上げて説明していきたいと思う。

一つ目の違いは、人間のルールが言葉によって表現されているということだ。そのため、ＡＩを人間のルールによってコントロールするためには、あらかじめ言葉で表現されているルールをＡＩにも確実に理解できる形に翻訳するか、ＡＩが言葉で書かれたルールを理解できるようになるしかない。

例えば、先述したロボット三原則の第一条、「ロボットは人間に危害を加えてはならない。また、その危険を看過することによって、人間に危害を及ぼしてはならない。」というルールについて考えてみよう。[29] このルールは言葉で書かれているため、あいまいな部分がある。例えば「人間に危害を加える」というのはどういうことだろうか。髪の毛を一本引き抜いてしまっても危害と呼ぶのだろうか。もしそうなら、ロボットは人間の髪の毛に触れることさえできなくなってしまうだろう。では、髪の毛を千本引き抜いてしまえばどうだろうか。それを危害と呼ぶのなら、何本から危害なのだろうか。あるいは空調を管理しているロボットが温度設定を低めにしたために部屋の中の人が風邪をひいてしまえば、それをもって危害を加えたというのだろうか。

こういった問題にロボット（AI）が答えを出せるようにするためには、何らかの形で数値化をしたうえで、その数値に対して基準を与えることが必要になるだろう。前者の場合（髪の毛を抜いてしまった場合）であれば、何本以上引き抜けば危害と言えるのかを具体的に定義しなくてはならず、このような定義をあらゆる場合、例えば物理的衝撃力の大きさ（しかも身体の部位ごとに基準が違うだろう）や、体の各部を引っ張る強さ、肌に触れるものの熱さや冷たさなど、きりがないくらいの状況についてそれぞれ具体的に考えていかなくてはならないはずだ。また、後者（冷房で風邪をひく可能性）であれば、そのリスクを見積もる必要がある。また、現実的にはリスクが完全にゼロになるという状況はほとんどあり得ないだろうから、どの程度のリスクまで許容できるのかという基準も必要になるはずだし、その基準も、リスクの種類ごとに違うはずだ（例えば風邪なら多少のリスクが許容されるとしても、凍傷や凍死のリスクはもっと低くする必要があるだろう）。

このように、膨大なケースそれぞれの基準をあらかじめ設定しておくことなど不可能であり、そうであるならＡＩ（ロボット）が「ロボットは人間に危害を加えてはならない」というルールを守ることもできないのではないだろうか。

では、人間の場合はどのようにルールを守っているのだろうか。「人間に危害を加えてはならない」というルールを人間に置き換えれば、「他人に危害を加えてはならない」ということになるだろうが、これは一般的な道徳規範として私たちが通常は守っているルールだと考えられるだろう。だとすれば、私たちはどうやってこのルールを理解し守っているのだろうか。

私たちは通常、「危害を加えるというのは具体的にどのようなことなのか」といったことを熟考し、（髪の毛を何本まで抜けば危害にあたるかなど）個別具体的な状況での基準をあらかじめ確立しているわけではない。それでも、他人に危害を加えないという道徳規範を守っていると思えるのは、それを個別のゲームで具体化しているからではないだろうか。

例えば、激しい対人接触があり得るスポーツで「ラフプレー」をしないように努めるのは、他人に危害を加えないためだろうし、自動車を運転するときも、他人に危害を加えないために気をつけなければならないことはたくさんある。もちろん、スポーツや車の運転においても、どこまでなら許容されるのかという具体的な基準を見出すことは難しい（スポーツで相手とどの程度激しくぶつかってもよいのか、とか、歩行者とどの程度の距離を開けてどの程度減速して通行すればよいのか、とか）。しかし、ゲームの中のことなので考えられる状況はおのずから限定され、「加減の仕方」を私たちは学んだり推論したりすることができる。実際に車の運転技術を習得するときには、これをすると歩行者に危害を与える可能性があると学んだり推論したりしているはずだ。

つまり、「人間に（他人に）危害を加えてはならない」というルールは、あらかじめあらゆる状況を想定して具体化されていなくてはならないのではなく（それは不可能だ）、個別のゲームの中で初めて具体化され、適用されるのだ。ルールを守れるようになるということは、ゲームを適切に実行できるようになるということと等しいと考えてもよい。

いくら「他人に危害を加えてはならない」というルールを厳密に守りたいと願っていても、自動車の運転技術をまったく身につけずに、交通量の多い場所を車で通行しようとすれば、まず間違いなく事故を起こし、場合によっては人を傷つけてしまうだろう。ロボットでも同じことで、車を運転するロボットなら、危険性を的確に判断ができるようになり、安全な運転技術を身につけることこそが、「人間に危害を加えないこと」にほかならないだろう。

ルールがゲームの中で具体化されなくてはならないことを示す例は他にもある。もし人間の医師と同等な医療行為を行うロボットがあったとして、そのロボットは注射をすることを「危害を加える」ものだとして自らに禁止してしまわないだろうか。医療以外の場面では皮膚に針を刺す行為は明らかに「危害を加える」行為と見なされるだろうが、医療でこれを禁止してしまえば治療ができなくなってしまう。もちろん外科手術もそうだ。つまり、「危害を加えない」というルールの具体的な基準はゲームによって異なるのだ。

言葉で表現されているルールをＡＩに守らせようとすれば、そのＡＩには、ルールを個別のゲームの中で具体化する言語理解能力が求められる。その場合、ルールとはそのゲームの志向性の一部になる（例えば安全性を確保することは車の運転というゲームの志向性の一部だ）ので、この場合の言語能力とは、言語と志向性基準を結び付ける「言語的志向性」の理解ということになるだろう。

二つ目の違いは、ルールを知る、あるいは身につける方法の違いだ。ＡＩをルールに従わせようとするときの一般的なイメージは、あらかじめルールをＡＩに記憶させておくということではないだろうか。しかし、世の中にあるあらゆるルールをあらかじめＡＩに記憶させておくことなど可能なのだろうか。また、ルールによってはしばしば変化をすることもあるし、地域や集団によってルールに様々な違いが生じていることもある（ローカルルール）。そういったルールに対応するためにはどうすればよいのだろうか。

人間は、周囲の状況からルールを見出す優れた能力を持っている。ローカルルールを見分け、ルールの変更を確実にフォローする。周囲の秩序だった状況からそこにルールがあることを発見し、「空気を読む」ことさえやってのける。人間にとってルールとは、あらかじめ知っていることがすべてなのではなく、状況に応じて積極的に「参照する」ものだ。[30] つまり、ＡＩを人間のルールに従わせようとすれば、ルールの参照ができなくてはならないのだ。

人間の場合、ルールの参照とは、ルールの記憶または記録を調べることだが、ＡＩの場合はこの違いはあまり問題にならないだろう。世界中の文章化されたルールをすべて記憶して参照できるようにすることは可能だろうし、ルールとして語られる言葉を片端から記憶していくこともできる。そして、人間のように一度覚えたことを忘れてしまうことはあり得ないはずだ。その意味では、ＡＩにはルールの参照について人間よりも有利な側面を持っているといえるだろう。

しかし問題は、記憶している膨大なルールの中から、直面している状況に必要なルールをどのようにして選び出すのか、ということだ。多くのルールの中からある行為に関わるものだけを選び出す、といったことはコンピュータの得意分野なので、基準さえ明確にできればＡＩはたやすくやってのけるだろうが、例えば、あるルールはAという行為を強制しているのに別のルールは同じAという行為を禁止している、といった矛盾がある場合にはどう判断すればよいのだろうか。

ここで重要なのは、ルールには主語が必要だ、ということだ。例えば「ロボットは人間に危害を加えてはならない」というルールであれば、ロボットが主語であり、これは「誰が」そのルールに従わなければならないのかを示している。

あらゆるルールには主語が定められている。法律であれば(特に規定がない場合は)その主語は「国民」だし、組織の規則であればその組織の構成員が主語になるだろう。道徳規範の場合はあいまいになるが、「人間」あるいは「常識ある大人」とか「普通の人」などと理解されているだろう。

ということは、自分が何者なのかが分かれば、参照するべきルールも分かるということだ。そして逆の言い方をすれば、自分が何者か分からなければ、ルールの参照ができない、ということでもある。「ロボットは人間に危害を加えてはならない」というルールが、もし人間のルールと同じように参照されるとするなら、まずロボットは自らがロボットであるということを知っていなくてはならない。その上で、「ロボットは人間に危害を加えてはならない」というルールを参照することによって、自分には人間に危害を加えることを禁じられていることを理解するのだ。

このように、自分が何者かを知ることによって、参照するべきルールを限定できるのだが、それではロボットはロボットを主語にしたルールだけを参照すればよいのだろうか。もちろんそんなことはなくて、ロボットが人間に近づき汎用ＡＩを持つようになるとするなら、人間と同様に、状況（ゲーム）に応じてさまざまな立場に立つようになり、それぞれの立場を主語にしたルールを参照する必要が生じるだろう。つまり、現在実行中のゲームを理解し、なおかつそのゲームの中での自分の立場を理解することによって、はじめてルールの参照が可能になるのだ。

例えば、人間の医師と同等の役割を担う医療ロボットが現れたとするなら、そのロボットは医療というゲームを理解し、その中での医師という立場を理解して、医師を主語とするルールを参照する必要がある。そしてそのゲームにおいてはロボットであることは特段の意味を持たないので、「ロボットは人間を傷つけてはならない」というルールを画一的に適用することなく、医師は（必要な場合には）注射や外科手術を行わなくてはならないというルールを優先的に参照するのだ。

最後に、ルールの強制力の違いを考えたい。ルールがルールであるためには、何らかの強制力を持つ必要があるが、それはどのようにして生まれるのだろうか。（現行の）ロボットがルールに従うのはそのように作られているからだが、人間はそうではない。おそらく最も分かりやすい違いは、人間はルールを破ることができる、ということではないだろうか。

ルールを破ることができる、というのは人間の能力だと私は考えている。ルールを破ることは犯罪などの望ましくない結果をもたらすことももちろんあるのだが、一方では、閉塞的な状況に変化をもたらし、革新のきっかけになることもある。権力者の思惑を付度することが暗黙のルールとなっていることによって不正がまかり通る状況があるとすれば、そのルールを破りあえて付度しないことこそが、自浄作用をもたらすかもしれない。このように、人間はルールを破ることができるわけだが、だからといってルールの強制力がないということではもちろんない。ルールは強制力を持ちつつ、それを破ることもできる。このようなことはどうして可能なのだろうか。これを説明するには、ルールの論理的構造を明確にする必要がある。

これまで、ルールを守るべき立場を「主語」という言葉で説明してきたが、ルールにおいて主語にあたる言葉は特定の個人を指し示す言葉ではなく、ある範囲の人々を指す言葉、社会的カテゴリーである。つまり、「私（佐藤裕）は研究をしなくてはならない」という形式のルールは基本的に存在せず、「研究者は研究をしなくてはならない」という、社会的カテゴリー（研究者）と行為（研究）を結びつける形式になっている。そして、「私は研究者である」と「研究者は研究をしなくてはならない」という二つの命題が真であることから「私は研究をしなくてはならない」という結論を導いているのだ。

ルールが社会的カテゴリーと行為との結合であるということが、ルールを破ることの可能性、いわば「逃げ道」をもたらしている。もし、ルールが特定の個人と行為とを直接結び付けているのなら、ルールに従うのか従わないのかの二択しかあり得ない。「私（佐藤裕）は研究をしなくてはならない」という形式のルールには逃げ道はないのだ。しかし、間に社会的カテゴリーが入ることによって、「私は研究者でない」だから「研究者は研究をしなくてはならない」というルールを守らなくてもよい（研究をしなくてもよい）、という選択肢が生まれるのだ。

実際には、個人と社会的カテゴリーと行為の相互の関係は非常に複雑だ。私が研究をしなかった（ルール違反をした）結果、研究者の資格を失ってしまう（個人と社会的カテゴリーの関係の否定）こともあり得るし、ルール違反をしてもなお、同じ地位に居座り続けることができるなら、ルールのほうが否定されてしまう（有名無実化する）こともあり得る。こういったことを包括的に論じるのは本書ではとてもできないので、強制力に関わることに絞って議論を進めたい。

個人と社会的カテゴリーの関係を否定することによって、行為の強制（禁止の場合も基本的に同じ）から逃れることができるのなら、強制力はどうして生まれるのだろうか。それは先ほどの例を人間としての常識を持って見ればすぐに分かることだ。「私は研究者である」ということを否定しさえすれば研究をしなくてすむ。これは論理的に正しいし、実際にもそうだろう。しかし、実際には「私は研究者である」ということを否定することが難しいのだ。それは職を失うことかもしれないし、アイデンティティの危機をもたらすかもしれない。つまりそのこと、人間にとって社会的カテゴリーからの離脱が難しいことこそが、ルールの強制力の源だと考えることができる。そして、ルールからの離脱は困難であってもまったく不可能とは限らず、場合によっては私たちは「職をかけて」ルールにそむくことができるのだ。

では、ＡＩの場合はどうだろうか。ＡＩも人間と同様にルールによるコントロールが可能なのだろうか。私は、ＡＩを人間と同様のルールでコントロールできるようになるためには、二つの壁があると思う。

一つは言語の壁だ。人間のルールが言語によって表現されている以上、それを理解することができなくてはルールを守ることもできない。そして言葉としてのルールを理解するということは、その言語的志向性を理解するということであるはずだ。

もう一つ、個人的利害を持つことがＡＩにとっての壁となるだろう。人間が社会的カテゴリーから離脱することが難しいのは、個人的利害を持つからであり、もしそれを持たないなら、ルールの強制力は生じない。別に医師でなくても何も困らないということなら、医師に課せられたルールに縛られる必要はない。そのため、ＡＩを人間のルールに（人間と同様に）従わせようとするなら、まずＡＩに個人的利害を持たせなくてはならない。

そんなことをしなくても、あるルールには無条件に従うように作ってしまえばよいだけではないか、それは技術的に可能ではないか、という意見もあるかもしれない。しかし、それがもし技術的に可能であったとしても、そのＡＩはルールを破ることができない、ということになる。それが本当に望ましいことなのかどうかはよく考える必要があると思う。

第４部　ＡＩと言語ゲーム

第４部では、これまでの議論を踏まえて、ＡＩ技術の発展可能性を言語ゲームという観点から整理していく。

まず、第８章から第10章までで、言語ゲーム論と関わる幾つかの論点でＡＩのあり方を考える。第８章では学習、第９章では誤謬の可能性と創造性、そして第10章では社会性がテーマとなる。

次に、第11章では、最終的に人間と同様に思考できるような汎用ＡＩは可能であるか、またそれは有用であるのかについて、本書なりの結論を出したい。

そして最後に、第12章では、私たち人間がＡＩ技術の進歩の中でどのように人間としての価値を保ち続けていけるのかを考えたい。

第8章　ＡＩと学習

〈志向性と学習〉

近年のＡＩ関連技術の発展は、「学習」を主要な契機としていることは疑いがないだろう。認識の分野でも推論の分野でもブレークスルーをもたらした「ディープラーニング」は機械学習の技術だし、第1章で取り上げた強化学習も大きな成果を上げつつある。このような「学習」における技術の進展は、ＡＩが人間に近づくために必要なステップだと私は考えている。なぜなら、人間のいとなみは志向的であることに大きな特徴があり、学習するコンピュータやロボットはそうでないものよりも（志向性を持つという点において）はるかに人間に近いと言えるからだ。その意味では、現在の第三次ＡＩブームと言われる状況は、単なる「ブーム」で終わらない可能性が高いと私は考えている。

学習といういとなみが志向的であるということは、それが方向づけを持つことによって示される。人間はＡＩに対して、転ばないように歩くとか、画像を相対的に少数のパターンで的確に説明する[31]といった方向づけだけを与え、実際にどうすれば良いのかはＡＩが自律的に見つけ出していくのだ。それゆえ、学習という能力が高まれば高まるほど、ＡＩは人間がすべてを把握しコントロールするようなものから、より自立した存在へと変化していくことになる。これまでＡＩとはどちらかと言えば、論理的な推論によって答えを導く機械といったイメージだったと思うが、私は推論よりも学習こそがＡＩを人間に近づけると考えている。

近年のＡＩの学習能力の発展には、ディープラーニングなどの計算技術の進展ももちろん大きな寄与をしているが、それ以外にも重要な要素がある。それは学習用データの蓄積だ。例えば画像認識の発展は、インターネット上にある膨大な画像データを利用することによって可能になったわけだし、機械翻訳の発展にも、インターネット上のデータ、いわゆるビッグデータが利用されている。

少なくとも現状では、機械学習は人間の学習に比べて効率が悪く、膨大な学習用データを必要とする。ある意味では、ＡＩの発展は学習用データをいかに確保できるのかにかかっているとも言えるのだ。

そしてそのことは、ＡＩと身体性というテーマについて新たな視点から考える契機となるだろう。

〈学習と身体性〉

写真などの画像データから、そこに写っているものをＡＩに認識させようとすれば、膨大な数の画像データを使って機械学習をさせる必要がある。それは、同じ物体であっても、見る（写す）方向や距離、光の当たり具合などによってまったく異なる画像になるからだ。

２０１２年にgoogleが１０００万枚の画像データから教師なし学習（コンピュータの自律的な学習）によって猫の顔のパターンの抽出に成功したことが話題になった。確かにこれは大きな進歩であると思うが、それでもまだ正面に近い角度から見た猫の顔のパターンが抽出できたに過ぎない。横から見ても後ろから見ても猫だと分かるようになるためには、まだまだ多くの技術的な課題の克服と学習用データが必要だろう。そして必要になる学習用データは、同じ猫を角度や距離を変化させながら連続して捉えた動画データ（もしくは連続した静止画データ）であるはずだ。そうでなければ、（少なくとも教師なし学習では）後ろから見た猫と正面から見た猫を同じ猫だと見なすことができないだろうから。

では、そのような学習用データはどのようにして作成することができるだろうか。猫の場合は自分で動くので、距離や角度を変化させながら動画を撮影することは容易であり、実際にそのような動画が動画投稿サイトなどに数多くアップロードされているだろう。しかし、例えば家具のように自分からは動かないものは、撮影する側が動きながら動画を作成するしかない。また、例えば本のように形を変える（閉じた状態と開いた状態）ものは、自ら動かして（開いたり閉じたりして）撮影する必要がある。そのような動画もビッグデータの中には現れるかもしれないが、その確率は猫の動画に比べればはるかに小さいはずだ。おそらくネット上のデータからの自律的な学習は困難だろう。

ではどうすればよいのか。人間の学習を参考にすればその糸口は見えてくるはずだと思う。

人間の幼児は、自ら動きながらさまざま物を観察する。興味がわけば、横や後ろに回り込んだり、立ち上がったり何かの上にのぼって上から覗き込んだりする。手に取れるものは何でも持ち上げ、さまざまな角度から眺めたり、引っ張ったり振り回したり、可動部があれば動かしたりする。単に見るだけではなく、触った感触を確かめ、振り回して重さを感じ、叩いて音を聞き、においをかぎ、そして口に入れて味わってみる。

私たちは視覚による認識だけを独立させて学ぶことはない。運動機能を使い、他の感覚も合わせて、認識を学習するのだ。[32]

第３章では、認識といういとなみが受動的なものではなく、「これは何か」という問いに方向づけられた、積極的ないとなみであることを説明した。これは何か、という問いに導かれて私たちは、視線を向け、目を凝らし、よく見えなければ近づき、手に持って向きを変えたり軽く叩いてみたりするかもしれない。つまり、身体運動は認識を身につけるための手段なのではなく、身体運動そのものが認識の言語ゲームの一部なのだ。これは何か、という問いに答える言語ゲームに習熟するということは、単に感覚情報の分析ができるようになることだけではなく、適切に運動機能を用いて対象についての情報を集める技術の習熟も含んでいる。人間の幼児は、初めからそのようなゲームを、まさにゲーム（遊び）を通じて身につけていくのだ。

だとするなら、ＡＩが人間のような認識能力を持つようになるには、画像情報など一つの種類の学習用データだけに頼ることには限界があるのではないだろうか。実際の空間の中に身を置き（つまり、何らかの「身体」を持ち）、動き回り、ものに触れ、動かしながら、複数の感覚データを収集して学習していかなくてはならないのではないだろうか。

もちろん、このようなことが必要だとしても、それは基本的に汎用ＡＩを目指す場合に限られるだろう。そして、それは原理的に不可能であるとは私には思えないが、データの計算だけで行われる学習に比べて、実空間での物理運動を伴う学習は、ひどく時間がかかるのではないかと思う。つまり、汎用ＡＩがいつごろ実現しそうなのかを考える上では考慮すべき条件だと考えられる。[33]

〈学習と誤謬可能性〉

学習（機械学習）によってAIは確かに「賢く」なっていくはずだが、それは同時に「間違う」可能性をもたらすと私は考えている。賢いのに間違うというのは矛盾しているように思えるかもしれないが、「間違う」というのがどのようなことなのかを考えれば、この主張の意味は理解してもらえると思う。

例えば、全ての質問に「1」と答えるコンピュータプログラムを作ったとしよう。そのプログラムに、「1＋1はいくらになるか」と質問すると、「1」という答えが返ってくるわけだが、これは「間違い」だろうか。確かに答えは正しくないのだが、それはこのプログラムが「間違えた」のだろうか。もしこのプログラムが足し算などの計算を意図したプログラムであったなら、プログラム自体（そしてそれを作った人）が「間違い」なのであって、プログラムは設計通りに正しく動作している（間違いではない）と考えるべきではないだろうか。つまり、機械的に動作する（学習しない）コンピュータはつくられた通りに動くという意味では、（故障することはあっても）「間違う」ことはない。

しかし学習するAIは、人間と同じように「間違う」ことができなくてはならない。なぜなら、正しい結果と間違った結果の両方があることによって、私たちは（そしてAIも）何が正しいのか、どうすれば正しくなるのかを理解するからだ。また、相対的に望ましい結果と望ましくない結果を見分けることによって、より望ましい方向に軌道修正していくこともできる。これが学習ということではないだろうか。つまり、学習するためには、「間違う」こと（あるいは相対的に望ましくない結果が生じること）が必要なのだ。

学習しないコンピュータは、結果が「間違い」だと見なされても、プログラムが修正されない限り同じ結果を出力し続ける。それは、その結果がコンピュータにとっては「間違い」ではないからだ。しかし、学習するAIは（学習の過程では）、「間違い」を理解することによって自ら修正を加えていく。だからこそ「賢く」なっていくのだ。最初に提示した「矛盾」は、次のように言い換えるとすっきりするかもしれない。学習するAIは、「間違える」からこそ「賢く」なる、と。

ここまでの議論に対しては、いくつかの反論が想定できる。まず一つは、これはあくまでも学習の過程だけで生じる問題であり、学習が終われば、機械的に動作するコンピュータも学習するAIも「間違い」に関して違いはないのではないか、というものだ。そしてもう一つ、コンピュータやAIにとっての「間違い」ではなく、結果が客観的に「間違い」かどうかが重要なのであり、学習はその客観的な「間違い」を減少させるはずだ、という反論も重要だろう。

これらの反論に答えるために、以下の例について考えてみたい。

ロボットAは、機械的に動作するロボットで、全ての来店者に日本語で「いらっしゃいませ」とあいさつするようにできている。一方ロボットBは、相手に合わせて適切な言語であいさつすることを目指し、大量のデータで学習を終えている。学習の結果ロボットBの誤判定は十分に少なくなり、あいさつの適切性は全体としてロボットBの方が高くなったとする。

このような二つのロボットを配置した店舗に、まず日本語だけを話す人が訪れた場合のことを考えてみよう（ケース1とする）。ロボットAの場合は、100%日本語であいさつするので、この人に対しては「間違い」がありえない。しかし、ロボットBの場合は、「間違い」があり得ないとは言い切れず、確率は低いかもしれないが、他の言語であいさつしてしまう可能性を否定できない。ということは、特定のケースに限れば、ロボットBの方だけで「間違い」が生じる可能性がある、ということになる。これは、学習によって間違いが生じてしまう事例だと言えないだろうか。

次に、日本語を話せない人が訪れた場合のことを考えてみよう（ケース2）。この場合、ロボットAは100%日本語なので、常に「間違った」あいさつをしてしまうが、ロボットBはほとんどの場合に適切なあいさつができ、低い確率でロボットAと同様の「間違った」あいさつをする。ここで考えてほしいのは、ロボットBが「間違った」場合である。この（ロボットBの）「間違い」は、来店者から見てロボットAの「間違いと」同じように受け止められるのだろうか、ということだ。日本語を話せない来店者は、他の人にも常に日本語であいさつするロボットが自分にも日本語であいさつする場合と、他の人には適切に言語を使い分けるロボットが自分に対しては不適切な言語であいさつする場合を、同じようには受け止めないのではないだろうか。もしそうであるなら、それは、その「間違い」が、外から見ても異なる意味を持つということではないだろうか。

この二つのケースからは、AIの「間違い」についての非常に重要な結論を導くことができる。

まず指摘したいのは、学習するAIの「間違い」は、それが学習済みであったとしても、機械的に動作するコンピュータの「間違い」とは実質的な違いがある、ということだ。では、どのような違いかというと、一つは、機械的に動作するコンピュータの「間違い」は、事前に予測可能であり確定的であるのに対して、学習するＡＩの「間違い」は確率的にしか予測できない、ということだ。上記のロボットＢが来店者の見た目を判断基準にしている場合、見た目のどのような特徴をどの程度重視して判断するのかといったことまでＡＩが学習によって決めていくので、「このような顔立ちなら間違うだろう」とか「このような服装をしている人は間違うだろう」といった予測は困難だ。もちろん、（学習済みの）ロボットＢを制御するプログラムの動作を丹念に追っていけば、何故間違ったのかを理解できるかもしれないが、学習のシステムが高度化し大規模になるに連れ、そのような追跡はどんどん困難になっていくのではないだろうか。

そしてもう一つ、先程のケース２での二つのロボットがともに「間違えた」場合についての違いも重要だ。この違いは、周囲の「期待」の違いだと考えれば分かりやすいだろう。ロボットＡの場合には日本語でしかあいさつしないことが分かってしまうので、本当は他の言葉であいさつしてほしかった人も、まあこのロボットは所詮こんなものなのだと納得してしまう。しかし、ロボットＢの場合は、他の人には適切に言語を選んでいるので、自分の場合も適切な言語であいさつしてもらえるものだと期待してしまう。だからこそその期待が裏切られたとき、それは「間違い」として印象づけられるのだ。

このような印象の違いは、より高度な機能を持つロボットほどより高い期待を抱いてしまうために生じた、ある種の落差によってもたらされたのだと考えることもできるので、この違いは必ずしも学習するかどうかに起因するものではないことになる。本当にそのように考えてよいのかどうかを確かめるために、もう一つのロボット（ロボットC）を登場させてみたい。

ロボットCは、学習はしないが、画像や音声を認識して解析する機能を持ち、プログラマが設定した特徴づけと判断基準に従って、適切な言語であいさつするようにできているとする。例えば、肌の色や顔立ちの特徴、髪型、服装や持ち物、何か言葉を発していればそこに何らかの言語の特徴を見出せるかどうか。そういった特徴に何らかの基準を設定し、どの言語を使用するかをプログラミングされているのだ。そして、言語判断の精度はロボットBと同程度だとする。つまり、ロボットBとロボットCの違いは、学習によって判別能力を身につけたのかそうでないのか、ということだけなのだ。

ロボットBとロボットCは、どちらも低い確率で「間違う」わけだが、その性質はおそらくかなり違っているはずだ。ロボットCは人間のプログラマが特徴と基準を設定しているので、「間違えた」としてもその理由は人間にとって理解しやすいものになるだろう。髪を染めていたから欧米の人と間違えられたのか、とか、日本人にしては彫りの深い顔立ちをしているせいなのか、といった、ある程度常識に沿った判断になると予想できる。しかし、ロボットBは、理解しやすい「間違い」ももちろんするだろうが、どうして「間違えた」のか人間にはまったく理解できない、といったことも生じる可能性がある。なぜなら、ロボットBは特徴づけも基準もAIが自ら見出していくため、それらは人間が設定したものとまったく異なる可能性があるからだ。このことを理解してもうために、少し横道にそれて囲碁をするAIについて考えてみたい。

囲碁をするAIはトップ棋士と並ぶくらいの強さをすでに獲得しているが、一つ一つの指し手は、人間の棋士にはなぜそのような手を指したのか理解に苦しむものもあるという。このことは、AIが自律的に思考し、創造性さえも持ちつつあることを示していると同時に、ＡＩが方向付けだけを与えられて学習し具体的な方法を獲得していく場合は、一つ一つの具体的な振る舞いが人間にとって理解することが困難になる場合があるということを示している。

ということは、学習するＡＩが「間違えた」場合、どうして「間違えた」のかということも、どのような理由でそのような判断をしてしまったのかということも、そのＡＩを製作した人も含めて人間には理解することが困難な場合があるということだ。

以上の考察から、学習するＡＩは、事前に予測しにくく、また事後的にも理解しにくいような「間違い」を犯す可能性がある、という結論を導くことができる。そして、ＡＩが高度化すればするほど、「間違い」の予測は難しくなり、理解の困難さも増していく。

ただし、このことをもって、学習するＡＩは危険だとか、実用性がないといった評価を下してしまえるわけではない。ＡＩの能力が高度化し十分な学習用データを用いることができれば、「間違い」の確率は減少していくはずだからだ。

「間違い」は減っていくだろう。ただ、その「間違い」は予測困難かつ理解困難なものである可能性がある。このことは、私たちがＡＩを実社会で活用していこうとする上で、いかなる意味を持つだろうか。次の章ではこのことを考察していきたい。

第9章　ＡＩと誤謬可能性

前章で説明したように、学習するＡＩが起こす間違い[34]は予測が困難であり、理解することも難しい。そしてその困難性は、ＡＩが学習に依存する度合いが大きくなるほど増していくと考えられる。ＡＩは機械学習によって高度な自律性を獲得したが、それは一方ではＡＩのブラックボックス化をもたらしたともいえる。

もちろん、機械学習はＡＩが間違う可能性を減少させるはずなので、全体としては「良い方向」に進んでいるのだと考えることもできる。しかし、学習によって生じる予測困難性と理解困難性は、別の問題を生み出してしまう。それは、間違いの責任をめぐる問題だ。

〈ＡＩの間違いと責任〉

ＡＩの間違いは、常に責任の所在についての問題を提起するとは限らない。例えば、囲碁や将棋のＡＩがいくら間違いだと見なされる手を指したとしても、その責任を誰が取るのかということが真剣に議論されることはないだろう。これは、この場合はＡＩの間違いが何ら社会的影響を持たないと考えられるからだ。また、ＡＩの間違いが大きな影響を持つとしても、最終的な判断が人間に委ねられている場合も責任の所在は一応明確だろう。例えば医療診断を行うＡＩがある診断結果を示唆するデータを示したとしても、それを吟味して最終的に医師が判断を下すなら、責任の所在は明確だ。

しかし、ＡＩの判断が人間のチェックを経ずに直接社会的な影響をもたらす場合は、責任の所在について複雑な問題が生じる。これは自動車の自動運転[35]において、すでに現実的な問題として議論されていることだ。そこで、これからしばらく自動車の（完全）自動運転の事故責任について考えていきたい。

自動運転中の事故の責任については、自動運転のシステムが学習に基づいたものかそうでないかによって、違った結論が導かれると私は考えている。実際には、自動運転のシステムすべてが学習によって構築されているわけではなく、学習は部分的に取り入れられていて、どの部分が学習によるものかも明確にはできないのかもしれないが、ここでは議論を単純化するために、事故に関わった判断が、学習に基づくものかそうでないのかを識別できるものとして考えていきたい。

まず、事故が起こったとき、前後の状況から事故の原因が特定される。そして、その原因が運転者側の過失によるものなら、運転者側の責任が問われることになる。例えばブレーキが間に合わなかったことが原因で人を轢いてしまったのなら、ブレーキを踏むのが遅すぎたことや、スピードを出しすぎたことが運転者側の過失であるかどうかが争点になるだろう。そして、自動運転であるなら、ブレーキの操作やスピードの制御がどのようになされていたのかを明らかにしなくてはならない。

このとき、もし自動運転（この場合はブレーキ操作やスピード制御）が学習に基づくシステムでなければ、なぜブレーキ操作が遅れたりスピードが早すぎたりしたのかを明らかにすることは容易だろう。制御プログラムには、どのような場合にどの程度ブレーキを踏むのかが書かれているはずだし、どのような場合にスピードをどの程度抑制するのかも書かれているはずだ。もし制御ロジックに見落としがあったとか、歩行者や周囲の状況の認識の方に問題があったといったことが判明すれば、責任の所在は明確になるはずだ。そして、原因が特定されれば制御プログラムや認識システムを修正して、同じ事故が起こらないようにすることもできるだろう。

この場合は、事故についての自動車製作者（制御プログラムの製作者を含む）の責任は分かりやすい。制御の仕組みは人間によって作られ、人間が理解できるロジックで組み立てられているので、事故の状況では確かにブレーキ操作が遅れてしまう（可能性がある）ような製品だということが十分理解可能だからだ。

しかし、自動運転が学習に基づくシステムであった場合には、話がややこしくなる。例えばブレーキ操作が遅れたことが事故の原因だと特定されたとき、ではなぜブレーキ操作が遅れたのかを調べようとしても、学習に基づくシステムの場合は、それは容易ではない。制御システムが学習に基づいて構築されているということは、例えば安全性とか快適性とか迅速性といった様々な基準を高い水準で満たすように、実際の操作をシステム自体が学習に基づいて最適化するということだ。分かりやすく言えば、制御プログラムを作る人が、この場合にはブレーキを踏めとか、このような状況ならスピードを落とせといったことをいちいち指示するのではなく、どのような操作をすればより安全なのかをＡＩ自身が判断するということだ。そのため、ある状況でなぜブレーキを踏まなかったのかを調べようと思っても、それはあらかじめプログラム製作者が知っていることではなく、「ＡＩに訊かなければ分からない」のだ。そして、それはおそらく非常に困難なことなのではないかと思う。

もちろん、なぜ間違えたのかが分からなくても、結果的に間違ってしまったＡＩを作った責任、という考え方によって、製作者の責任は問えるのかもしれない。しかし、間違いの原因が分からないということは、同じ間違いが起こらないように修正することも難しい、ということを意味している。

学習に基づくシステムの性質上、人間が直接制御パラメータなどに手を入れて修正するということはおそらく不可能だろう。できることはＡＩ自らがその間違いから学習する、ということでしかない。そして、ＡＩは人間と違って、たった一回の失敗から決定的な学びを得る、ということはない。その失敗から何かを得るとしても、それは膨大な学習データのうちの一件にすぎないのだ。同じような失敗を繰り返さないためには、似たような状況を何度も何度も経験する必要がある。[36]

つまり、学習に基づく自動運転システムは、深刻な事故を起こすたびに、相当長期にわたる稼働停止を余儀なくされるのではないだろうか。原因が特定できるなら、このような状況での使用は避けるように、ということで、稼働させながら再調整を行うことができるかもしれないが、原因さえも特定困難であれば、とても使い続けることはできないだろう。そして、その影響は、事故を起こした車だけでなく、同様のＡＩ[37]を搭載するすべての車種に及ぶ。

以上のような問題は、技術の進歩によって克服されていくような種類のものではない。むしろ逆に、技術が進歩すればするほどより深刻になっていくはずなのだ。

学習によってＡＩがより進化していけば、ますますその仕組みは人間にとってブラックボックスになっていく。全体として間違いは少なくなるのかもしれないが、もし間違いが起こってしまえば、その場合の対応は非常に困難になってしまうのだ。そして、ＡＩがより自律的になっていくということは、基本的にはその責任をＡＩ自身に負わさなくてはならなくなっていく。なぜならＡＩにしか何故間違ったのかが分からないし、ＡＩ自身が学ぶしか修正の方法がないからだ。しかし、ＡＩ自身が責任を負うということが社会的に不可能（ＡＩに責任を追わせるような社会的な仕組みが整わない）であるなら、製作者や使用者が負いきれない責任を負わなくてはならなくなる。

もしかしたら、ＡＩがより高度化すれば、人間が理解可能な判断に近づいていくだろうという楽観的な見通しを持つ人もいるかもしれない。しかしこれもまた、望み薄だ。人間の（運転の上での）判断論理とＡＩのそれとが一致しない理由の一つに、おそらく「一般常識」というものがあると考えられるからだ。人間というものはこのような動きをするはずだ。風が強いとこのようなことが起こるかもしれない。今日は月末だから渋滞しそうだ。前の車の積み荷が落ちてきそうだ。人間の場合、そういった判断は、ただ運転の経験だけから培われるものではない。ＡＩもいずれはそのような状況判断ができるようになるのかもしれないが、少なくともＡＩが人間と同じようにまず常識を得てから運転を覚えるのでない限り、人間が理解できるような論理で判断するようにはならないだろう。

ということは、筆者は自動運転に反対なのかと読者は問うかもしれない。私はその問いに答えるつもりではあるが、そのためには別の側面からの考察も必要なので、ここではいったん保留にさせていただきたい。

答えは11章で提示する予定だ。

〈ＡＩの間違いと確実性〉

ＡＩの間違いに関わる問題には、もう一つ重要な論点がある。それは「はじめに」で予告した問題、つまりＡＩは「うっかりミス」をしないのか、という問題だ。

ここまでの議論で、ＡＩ（学習に基づくシステム）も間違いをするということは確認できている。しかし、それは必然的な間違いであり、システムが修正されたり新しい情報が入力されたりしない限り、同じ状況では同じ間違いを繰り返すはずだ。

しかし、人間の場合には、「うっかり」ミスをする。例えば計算間違いをする時としない時があるように、同じ状況でも間違えたり間違えなかったりする。

私たちはうっかりミスをしてしまったとき、それを後から振り返って、あの時もっと慎重に考えていればよかった、と後悔するかもしれない。慎重に考えていれば結果が違ったのかどうかはともかく、少なくともはっきりしていることは、私たちは、慎重に考えたり、いい加減に考えたり、あるいは急いで考えたり、じっくり考えたり、といったように、考え方にいくつかの「モード」を持っている、ということではないだろうか。

私たち人間の考える「モード」にはどのようなものがあるのか、という問いに包括的な答えを得ることは容易ではないように思えるが、ＡＩとの比較という視点を用いれば、さしあたっての目的、「うっかりミス」

をどう考えるのかという論点のためには十分な答えを得ることができるように思う。つまり、学習しないＡＩと似たような「モード」と、機械学習、特にディープラーニングと似たような仕組みを持つ「モード」だ。

学習しないＡＩと似たような思考のモードは機械的な思考であり、単純な算術計算を典型的なものとして考えることができる。

コンピュータが単純な算術計算をする場合、（故障していなければ）間違うことはあり得ない。しかし、人間は計算間違いをする。これは、人間の思考は本来機械的なないとなみではなく、志向的ないとなみによって「機械的」であるかのように振る舞っているだけだからだ。このことは、私たちは計算を学習する必要がある、という事実から明らかだ。

私たちが、より早くより正確に計算できるようになるためには、機械的に計算できるようになる必要がある。例えば支出金額の計算をしているときに、なんでこんな高価なものを買ったのだろうなどと考えてしまうと、機械的な手順が乱れ、計算ミスをしてしまうかもしれない。そういう余計なことを考えず、ただただあらかじめ決められた手順に則って機械的に処理をしていく。そうすることで、より早くより正確な計算ができるようになるはずだ。つまり、逆説的な言い方ではあるが、機械的であることを志向した学習をするということなのだ。

単純な計算だけでなく、例えば数学や物理などの試験問題でも機械的にあろうとすることはできる。問題の特徴からそれを機械的に分類し、それぞれのパターンに応じた手順、例えばある公式に当てはめるとか、適切な補助線を引くといった、「正しい」手順を踏んでいけば、自ずと答えが導かれる。そのような方法を学習によって身につけることができれば、正答率も解答速度も向上するだろう。

しかし、人間は元来志向的なシステムで思考し行動する存在だ。そのため、機械的になりきろうと思っても、それはしばしば失敗する。従業員の交通費の精算業務をしている人は、この人はどうしてこんなに遠回りな経路で電車を乗り継いでいるのだろう、とか、ここからここまで移動するのにこのタクシー代は高すぎるのではないか、などと考えてしまえば、その分計算ミスは増えてしまうかもしれない。もちろんそのことは、「悪い」ことではない。ただ機械的に計算するのではなく、数値の意味を考えているからこそ、交通費の不正請求を見抜くことができるかもしれないからだ。しかし、計算速度や正確性という点に関しては、（機械を使わない）人間の能力には限界があるだろう。人間は機械的にはなりきれない。だからミスをする。これが「うっかりミス」の一つの要因だと考えて良いだろう。

ディープラーニングと似たような仕組みを持つ思考のモードとは、志向的な思考である。志向的な思考とは、何らかの基準に基づいて、より良い選択肢を選んでいくことによって答えを得るいとなみであり、その例として、「これは何か」という問いに答えることを考えてみよう。

この種の思考は、機械的な思考とは異なり、経験から学ぶ必要がある。決められた手順を踏めば答えが出るというものではなく、学習によって蓄えられた知識を参照し、それと付き合わせることによって「相対的に」最も適した答えを選んでいくことになる。「（目の前のものを指差して）これは何か」と問われたときには、様々なものの見た目に関する知識がなくてはならず、その知識を活用して、一番「近い」と思えるものを答えとするわけだ。そのため、結果的に間違いであった、ということは当然起こり得る。

これは、ディープラーニングによるＡＩの思考でも人間の思考でも基本的に変わらない。もちろん両者には学習のプロセスや学習によって得られた知識の活用法などに違いがあり、それぞれに得手不得手があると思われるが、その違いで人間の「うっかりミス」を説明することはできないだろう。

それではどこに「うっかりミス」の要因があるのかというと、それは人間の「志向的な思考」の場合は、答えを出す方法もまた（志向的に）選択可能であり、その際の選択基準に、正確性や迅速性などが考えられる、ということだ。

例えば目の前のきのこ（らしきもの）を見て「これは何か」と問うとき、ただ単に目についたというだけだったのなら、自分のあやふやな知識に基づいて「たぶんなめこだろう」といった答えで満足するかもしれない。しかし、そのきのこを採取して食べようとしているのなら、携帯した図鑑と照らし合わせるなど、より確実な答えを得ようとするだろう。

つまり、その問いがどれほど正確性を求められるものなのか、あるいはどれほど迅速性を求められるのかといった状況に応じて、私たちは答えの出し方を変えることができるのだ。

これは、人間の思考（質問・応答の言語ゲーム）が非常に柔軟であるということだが、間違いという観点から考えれば、正確さが求められる状況で十分正確ではない方法で答えを出してしまうという危険性があること、つまり、「手抜き」をしてしまう可能性もまた示している。

ＡＩの場合は、今のところ「手抜き」をしてしまう可能性は少ないだろう。これは、ＡＩ自身が「どの程度の正確性を求められているのか」を自ら判断しなくてはならない状況がまだ生じていない、ということだと思う。もし将来において、ＡＩが正確性と迅速性が求められる度合いを自ら（学習に基づいて）判断するようになれば、ＡＩも「うっかりミス」をすると考えられるようになるかもしれない。

以上のことから、「うっかりミス」の二つ目の要因は、人間が「手抜き」をすることだと考えられる。

人間は機械的な思考は得意ではなく、志向的な思考は本質的に間違いの可能性を含んでいる。それだけであるなら、私たちの思考というものは非常に危ういものだ。実際、「うっかりミス」と考えられるものは日常的に、あらゆる場面で生じているだろう。しかし、間違いは絶対に許されないような局面もまた存在する。一つのミスが人命に関わる場合や、判断の間違いが非常に広範囲で甚大な被害をもたらす可能性がある場合などがそうだ。そのような場合に私たちはどのように対応しているのだろうか。

私の答えはすでに第5章で提示している。つまり、確認の言語ゲームである。

確認の言語ゲーム（ここでは、他の思考と対比するため、確認の思考と呼ぼう）は、他の思考（機械的な思考、志向的な思考）の結果が正しいのかどうかを確認する思考だ。これはすでに述べたように、計算に対する検算や証明としてイメージできる。私たちは、間違いがあってはならない場合に、確認の思考を行うことがある。もう一度（しばしば別の方法で）答えを求めてみて、先の答えと同じになるかどうか確かめたり、答えと前提条件の整合性を確認したり、あるいは、答えを求める手順を確認したりして、間違いをなくそうと努力するのだ。

しかし、確認の思考は常に行われるわけではない。答えの正確性が求められる度合い、間違いがあってはならない度合いに応じて、確認の思考は必要になる。また、確認の思考には一定のコスト（時間や労力、場合によっては費用などが発生する可能性もある）がかかるため、いわば費用対効果の観点から確認の思考が省略されることもあるだろう。

これもまた、「うっかりミス」の要因となる可能性がある。確認の思考、例えば検算をするべきであるところを、面倒なのでしなかったとか、するのを忘れていたといったことで、ミスが生じる（正確には見過ごされる）かもしれないのだ。

では、ＡＩの場合は、確認の思考を怠ることによる「うっかりミス」が生じる可能性はあるだろうか。

第5章で説明したように、ＡＩにとっては確認の思考を行うこと（確認の言語ゲームで答えを得ること）自体がかなり難しく、その理由は社会的な解決が必要になるからだった。つまり、どの程度の確実性が求められるのかは社会的に定められる場合があり、その結論だけを一方的に与えられるのではなく、自らルールを見出し、あるいは自らの責任のもとで判断しなくてはならないこともあり、それがＡＩには非常に難しいのだ。そうであるなら、確認の思考をするべきかどうかをＡＩが判断することもやはり社会性を必要とすることであり、少なくとも現状のＡＩでは不可能なことだと言っても良いだろう。

「手抜き」に関しても同じことが言える。どの程度の正確性が求められているのかを自ら判断することが、「手抜き」が生じる前提だとするなら、これもまたルールと責任に係る問題。つまり、社会性を必要とすることなのだ。

以上のことから、（現状での）ＡＩは、社会性を持たないがゆえに、手抜きをしたり確認の思考を怠ってしまったりすることがないと結論づけることができる。

ＡＩは「うっかりミス」をすることがない。機械的な思考はそもそもコンピュータが得意とするものであり、故障やプログラムミスがなければミスは起こり得ない。そして、社会性を持たないがゆえに手抜きもしないし確認を怠ることもない。これに対して、人間はそもそも機械的な思考に向いていないし、手抜きをするかもしれないし、必要な確認を怠るかもしれない。これは、人間がＡＩよりも劣っていることを意味するのだろうか。

人間が機械的な思考においてＡＩに劣るということは認めざるをえないし、そのことを気にする必要もない。それはそもそも、ＡＩの得意分野なのだから。では、手抜きと確認の欠如についてはどうだろうか。これは志向的な思考に関わる問題であり、むしろ人間の得意分野だったはずだ。その得意分野においてさえ、人間はＡＩに劣るのだろうか。

ここで、本書の最初（はじめに）で提起した出発点に戻ってみよう。ここでの議論の発端は、入試問題を解くように設計された問題と、人間との比較であった。大学受験に挑戦するロボットは、東大には届かないものの、ある程度の難易度の大学入試には合格できる程度の成果を収めることができた。これは逆に言えば、人間のほうがＡＩと同じ程度のパフォーマンスしかあげられていないということであり、それを人間の側の問題として提起したわけだ。しかし、私はこの比較に対して、人間とAIでは「うっかりミス」をするかしないかという違いがあるのではないか、という問いかけをしたのだった。

では、「はじめに」で例示した問題に対して「うっかり」間違った答えを出してしまうことがあるとするなら、それはどのような場合だろうか。本章の議論を踏まえて考えてみよう。

まず、これは機械的な思考で解く問題ではないだろうから、計算ミスのような間違いはないはずだ。次に、「手抜き」の可能性はどうだろうか。新井は一連の問題への解答を紹介するにあたって、選択肢の選び方やボタンを押す速度などから「やる気がなかったと思われる受験者の解答を省いて」正答率などを算出したとしている。[38] しかし、出題者が期待したような思考をしていない（これをある種の手抜きだということができる）可能性は十分にあるように思う。

出題者はおそらく、まず文章を読んでその意味を理解し、その上で問題に答えることを期待したのだろう。実際出題文からはそのように誘導しようとする意図が読み取れる。しかし、おそらく一定の割合の人は、そのような手順で問題を解いていないはずだ。文章は流し読みし（場合によっては全く読まずに）問題文と選択肢を読み、その上で改めて問題文から解答に必要と思われる部分を抜き出して答えを導く、そのようにした人は少なくないはずだ。だからこそ誤答が多かったのだろう。これはおそらく、入試の（一つの）技術として確立されているのだろうと思う。文章を十分に理解できなくても正解を得る可能性を少しでも高める技術、あるいはできるだけ少ない時間で答えを出す技術として、有効な場合もあるかもしれない。そしてそのような技術を採用する人にとって、文章をきちんと理解することはそもそも主要な目的ではなくなっているのだ。

答えを出すことが最も重要な目的であり、文章を理解することはそのための一つの（場合によっては必須ではない）手段にすぎない。[39]

このように考えると、「はじめに」で取り上げた問題への誤答は、「うっかりミス」という性質の問題ではない可能性も浮上してくる。試験、あるいは入試制度という枠組みの中で、限られた（そしてしばしば不足しがちな）時間の中でできるだけ多くの正解を得るという目的のために誘導されて生じた「ミス」だと言えるかもしれない。

以上のように、手抜きや確認の欠如に起因する「うっかりミス」は、問いに対して、その背景や状況などを踏まえてより柔軟に対応しようとするからこそ生じるものだということが分かる。「手抜き」をすることは確かにミスの原因になり得るが、一方では、不必要なコストを回避することにもなり得る。確認の思考を省略しようとすることも同様に省力化を可能にするし、そもそもＡＩには確認の思考そのものが困難だということもすでに指摘した通りだ。

ＡＩがミスをしないのは、基本的に機械的であることに依存している。機械的思考はもちろん、志向的思考であっても、基本的な仕組みが機械的であるため、安定した結果が得られるのだ。これに対して人間は、基本的に志向的であるために不安定である代わり、柔軟性を持っている。

では、ＡＩがより発展して、機械的であることによる安定性を保持しつつ、より柔軟性を獲得していけば、人間を超えていくのではないのか。私はその可能性を完全には否定しないが、そのためには非常に高い壁が立ちはだかっている。状況に応じて対応する、という場合の「状況」とは、社会的な性質を持っており、それを理解し獲得すること、つまり社会性を持つことが、思考の柔軟性を得るためには必要だからだ。

そこで、次の章では、ＡＩと社会性というテーマを考えてみたい。

第10章　ＡＩと社会性

ＡＩが社会性を持ち得るのか。このように問いを立ててみると、それはどことなく、人間と同じように活動するアンドロイドやロボットが登場する映画やアニメの世界で初めて問題になることのように思えるかもしれない。しかしこれは、すでに現実的に問題になりつつあることなのだ。

その最も顕著な例は、車の自動運転技術が急速に発達し、実用化が目前に迫っていることだ。自動運転の最終的な目標は、人間が一切関わらない形で自動車がＡＩによって操縦される完全自動運転だ。これは技術的には十分に可能だと考える人もいるようだが、自動車の制御技術だけで完全自動運転というものは達成できるのだろうか。

自動車交通の世界は、一つの「社会」だ。多くの人がそれぞれの目的で活動しており、全員が勝手気ままに振る舞えば事故や交通マヒが生じる。そのため、ルールが定められ、違反に対しては取り締まりが行われる。また、全てがルールで解決できるわけではなく、例えば合流や狭い道での行き違い、トラブルへの対応など、運転者どうしがコミュニケーションを取り、協力しながら解決しなければならない状況も生じる。これは、例えばインターネットにおける情報伝達の制御といった、純粋に機械的な仕組みとは全く異なる原理で秩序が保たれている社会的な領域なのだ。

その中にＡＩが運転する自動車が「参加」する、ということは、自動車交通という社会のメンバーとしての役割を果たすということを意味するはずだ。交通ルールを守り、他のドライバーとコミュニケーションを取りながら協調して交通秩序を維持する。それは本当に可能なのか。このことは今まさに問われていることではないだろうか。

そこで、この章では、「社会性」に関わるトピックとして、これまでの議論から提起された、ルール、責任、信頼といった課題を、自動運転を例にして改めて考えてみたい。

〈ルール〉

自動車を運転するＡＩに交通ルールを守らせることは可能だろうか。交通ルールは「人間のルール」であるため、ＡＩがこれを守ろうとするためには様々な問題が生じる。第7章では、ＡＩが人間のルールを守ることができるようになるための「壁」として、言語（言語的志向性）の理解と、個人的利害の二つを指摘した。

しかし、交通ルールだけに限れば、それは様々な社会的ルールの中では比較的単純なものなので、ＡＩでも対応可能なのではないだろうか。また、第7章では個人的利害を持たなければルールを破ることができなくなると指摘したが、交通ルールの場合は「ルールを破る」ことを想定せずに常にルールを守るようにしておけば問題は生じないのではないだろうか。完全自動運転が実際に可能だという主張は、おそらくそのような考えに基づくのではないかと思う。

そこで、まずルールを守る／破るという観点からＡＩの社会性について考えてみたい。

交通ルールの中には、実際にはあまり守られていないものもある。日本においてその代表的なものの一つが、信号機のない横断歩道を歩行者が渡ろうとしている場面での一時停止だ。２０１７年のＪＡＦによる実態調査では、一時停止をした車はわずか８・５％だったという。[40]また、同じくＪＡＦが実施したアンケートでは、「ドライバーが一時停止しない（できない）と考えられる理由」を訊ねており、その回答の上位五つは以下の通りだった。

①自車が停止しても対向車が停止せず危ないから：　４４・９％
②後続から車がきておらず、自車が通り過ぎれば歩行者は渡れると思うから：　４１・１％
③横断歩道に歩行者がいても渡るかどうか判らないから：　３８・４％
④一時停止した際に後続車から追突されそうになる（追突されたことがある）から：　３３・５％
⑤横断歩道に歩行者がいても譲られることがあるから：　１９・９％

（複数回答のため合計は１００％を超える）

まずここで注目してほしいのは、四番目の「一時停止した際に後続車から追突される」という理由だ。ほとんどの運転者が一時停止をせず、おそらくそれを「当たり前」だと思っている状況で一時停止をすれば、後続車がそれを予測できず、追突事故が生じてしまう危険性があるということだろう。

また、三番目の「歩行者がいても渡るかどうか判らない」や五番目の「歩行者がいても譲られる」といった回答は、車が一時停止しないという現実を歩行者の側までもが受け入れてしまっていることを示しているのだろう。そのため、一時停止をしてもすぐに歩行者が渡らず、「譲り合い」のような状況が生じて交通が遅滞する可能性も考えられる。

もしこのような状況が変わらないままで、ルールを厳密に守る自動運転車が道路交通に参入すればどうなるだろうか。もしかしたら、ルールを守ることが結果的に事故や渋滞の原因になってしまうかもしれない。

もちろん、これは自動運転車の側の問題ではない。間違っているのは一時停止のルールを守らない人間の運転者・歩行者の方だ。そのため、仮に一時的に事故や渋滞が増加することがあったとしても、むしろ自動運転の参入が人々のルールに関する認識を改めさせ、長期的には全体としてルールが守られる方向に行くだろうと楽観的な予想をする人もいるだろう。それで問題は解決、だろうか。

実は、横断歩道での一時停止に関する事例は、結構根が深い問題である。これは、人間とＡＩの「ルールの守り方」の違いに起因している。

ＡＩはルールを無条件に守ろうとするはずだ。少なくとも、信号のない横断歩道を渡ろうとする歩行者がいるのに、一時停止しなくても良いという判断をする自動運転ＡＩは考えられないだろう。

しかし、人間はそうではない。横断歩道で一時停止をしても歩行者が渡ろうとしないという経験を繰り返せば、一時停止をしなくてもいいのだと思ってしまうかもしれない。歩行者の側は、車が一時停止するべきだと思っていても、守らない車がいる可能性を考えて、安全のために車が行き過ぎてから渡ろうとするかもしれない。おそらくこのような判断が相互に作用して、現在の状況が生まれてしまったのだろう。

このことの是非はともかく、これが人間にとってのルールの現実だということを受け入れなくてはならない。つまり、ルールに無条件に従うのではなく、そのルールが有効であるのかどうか、従わなければならないのかどうかを判断し、場合によってはルールを無視することもある、というのが人間の現実なのだ。

このような、ルールを守ることに関する人間とＡＩの違いは、様々なトラブルを引き起こす可能性がある。

例えば交通量の多い優先道路に、横道から進入することを考えてみよう。もし、優先道路に関するルールに無条件に従えば、進入しようとする車はいつまでたっても進入できないかもしれない。そこで、人間の運転者ならば、例えば窓から手を出したりして入ろうとする意志を示し、優先道路の通行者が入れてくれるのを待って侵入するだろう。また逆に優先道路の通行者も、これでは横道からの車はいつまでたっても入れないと思えば、自分に優先権があってもスピードを落として侵入するように促すかもしれない。このように、通常のルールとは違う形で、スムーズな交通が実現することもあるはずだ。

また、狭い道での行き違いは、(谷側ではなく) 山側がゆずるとか、(上りに対して) 下りが譲るといったルールが一応はあるものの、状況に応じて臨機応変に対応しなければならない (つまりそのルールに反することをした方がいい場合がある) ことは、運転の経験が豊富な人にとって常識だろう。

では、どのような場合にルールを守らなくてもいいのかをＡＩに教えてはどうだろうか。具体的な状況を示して、その場合には特定のルールを守らなくても良いと教えるのだ。しかし、ルールを守らなくてもいい状況を具体的にＡＩに教えるということは、新たなルールを付け加えるということにほかならない。Ａという条件のもとではＢというルールを守らなくても良い、とＡＩに教えたとしても、それはルールを守らなくても良い条件を教えたのではなく、単に新しいルールを付け加えたに過ぎない。

このように様々なルールが付け加えられても、そのような新たなルールもすべて無条件で従わなければならないものである限り、ＡＩの融通の効かなさには基本的に変わりはない。むしろ、ルールがどんどん増加し複雑化することによって、ルール体系の調整が困難になったり、互いに矛盾したりしてしまう危険性が増大していくばかりだろう。

人間が時としてルールを無視するのは、そしてそのことによって秩序が破壊されるのではなく、むしろルール違反によって秩序が維持されているように見える場合があるのは、ルールより上位に志向性、この場合は安全性や効率性への志向性が共有されているからだ。この場合はルールを形式的に守るよりもそれを無視したほうがより安全あるいは効率的だと判断し、それを他の人も支持するだろうと予想する。それが「秩序を維持するためのルール違反」の根拠だと考えられる。

では、同じことをＡＩも目指せばよいのではないだろうか。ＡＩが「安全」や「効率」を理解し、より安全に効率的に行動できるように学習すればよいのではないだろうか。現在の自動運転技術の発展は、それを可能にするはずではないのか。

ここで注意しなくてはならないのは、自動運転は他の運転者との協調行動でなくてはならないので、他者に理解できない（予測できない）独りよがりの安全（効率性）判断には問題がある、ということだ。囲碁や将棋のプログラムでは、どんなに奇抜な指し手でも強ければそれで問題はないが、自動運転の場合はそうではない。この場合はルールを破ったほうがより安全であると、ＡＩが人間には理解できないような判断をするようでは、それがいかに安全であっても許容されるとは限らないのだ。

安全や効率性のためにはルールを破ったほうが望ましい場合も確かにある。しかし、基本的にルールは守らなくてはならない。言い方を変えれば、ＡＩがルールを無条件に守るということでは問題が生じる可能性があるが、かといって、ＡＩが自分の判断でルールを破ることによって問題が生じる可能性もある、ということだ。このジレンマにどう対処すればよいのだろうか。

この問題に答えるためには、やはり人間のやり方を確認する必要があるだろう。

人間にとってルールは、無条件で守らなくてはならないものではないが、かといって、好きなように無視して良いものでもない。ルール違反をある程度許容しつつも、極端なルール違反を防止するような、柔軟な統制機構が人間のルールには備わっているのだ。

私たち人間は、おそらく誰ひとりとして、これまであらゆるルール違反を一度もしたことがないなどと主張できる人はいないだろう。まあこれくらいは許されるだろうと、ちょっとしたルール違反をして、あるときはそのまま何のお咎めもなくすみ、あるときは軽いトラブルを引き起こし、またあるときは叱られたり罰を与えられたりしながら、日常生活を送っているはずだ。そういった、軽微なルール違反への対処という日常的な相互作用こそが、ある種のクッションとして、ルールの柔軟な運用を可能にしているのだ。

では、なぜ人間にはそのようなルールの柔軟な運用が可能なのだろうか。そして、それはＡＩにも可能なのか。あるいは可能とするための条件はなんだろうか。

私の答えは、すでに議論した、「責任」と「信頼」がその鍵を握っている、というものだ。次の節で詳しく説明しよう。

〈責任〉

自動運転と責任との関連については、すでに10章で事故の責任ついて触れているが、ここではこれまでの議論を引き継いで、ルール違反と責任との関わりを考えてみたい。

人間が軽微なルール違反を許容し、しかもそれに一定の歯止めをかける仕組みは、ルール違反に「責任」が伴うという認識があるからではないだろうか。例えば横断が禁止されている道路でも、どうしても渡らなくてはならない理由があり自分が安全だと判断すれば、「自分の責任において」渡ってもよいのだ、という判断が許容される場合があるかもしれない。このときの「自分の責任において」というのは、もし何か事故が起これればその責任を自分が引き受けるという覚悟を持つ、というような意味合いになるだろう。もちろん、実際には法的に責任が問われるかどうかは様々なケースが考えられるだろうが、「責任」という考え方がベースにあることには疑いの余地はないだろう。「責任」を持つなら（ある程度の）ルール違反が許容されるのだ。

そして、この「責任」という考え方は、ルール違反に歯止めをかける役割も同時に持っている。いかにルールを破るような行動を取りたいと願っても、それに伴う「責任」は自分にはとても負いきれないので、ルール違反には踏み出せない。そのように人々が考えることによって、ルール違反には一定の歯止めがかかるのだ。

もちろん、これらは相応の副作用を持っている。ルール違反を許容する論理がある限り、常に一定のルール違反は生じてしまい、ときには非常に深刻なルール違反が現れることもある。当然そのような深刻なルール違反はできる限りなくしてしまう必要があるのだが、だからといって（軽微なものも含む）すべてのルール違反が無条件でできなくなるように人間を改造することは不可能であり、現実には私たちは一定のルール違反と共存しつつ生きていくしかないのだ。

以上の主張が受け入れられるなら、ＡＩが人間と同じようにルールを扱おうとするためには、ＡＩもまた「責任」を持つことができるようになる必要がある、ということになる。

ＡＩが責任を持つ、というのはどういうことだろうか。この章の文脈で説明するなら、例えばＡＩが「私が責任を持つのでここはルールに反する行動を取らせてもらおう」などと判断するということだ。そして、その場合、もし「責任を取る」ことが必要になれば、具体的に何をしなくてはならないのだろう。何らかの費用をＡＩが支払うのだろうか。あるいは自らに何らかの「損害」を与えたり、自分自身を破壊したりするのだろうか。しかし、もし仮に、自分自身を破壊して「責任を取る」ＡＩが現れたとしても、それをもって何らかの歯止めになると言えるだろうか。

これらの疑問に対する私の答えは、すでに10章で提示してある。すなわち、「個人的利害」を持つことによって、初めて「責任を持つ」「責任を取る」ことが可能になるということだ。

ＡＩが責任を持ったりとったりすることができるようになるためには、ＡＩも「個人的利害」を持つ必要があると私は考えている。そしてもちろん、それは様々な意味で非常に困難なことだと考えられる。

〈信頼〉

「責任」は個人（あるいはＡＩ）がルールを守る、あるいは破る、ということに関わる問題だったが、社会はそれぞれがルールを守るだけで成立するのではなく、互いに相手がルールを守るという予想が成り立つこともまた必要だ。

交通のルールに即して説明すれば、私たちが自分自身でルールを守ろうとすることと、相手もまたルールを守るだろうと予想することは、互いに密接に関連している。自分が道路を左側通行するのは、相手もまた左側通行すると予想するからでもあり、もしその予想が崩れて対向車が右側を走ってくるかもしれないと思えば、どちらを走ってよいのか分からなくなるだろう。

ここで気をつけなくてはならないのは、すでに説明したように、人間はルールを破ることがある、ということだ。そのため、相手がルールを守るだろうという予想もまた確実ではない。ここは信号のない横断歩道だから自動車は一時停止してくれるはずだという予想がしばしば裏切られることは（そもそもそのような予想さえしないのかもしれないが）、すでに述べた通りだ。

では私たちはどのようにしてルール違反が生じる可能性を予測しているのか。

ルール違反が生じやすい状況や場所というものももちろんあるが、それを予測に組み込むことはそれほど難しいことではなく、おそらく自動運転ＡＩにも可能だし、すでにある程度は実現していると思う。しかし、人間の場合はそれ以外に、人物によってルール違反をしそうかどうかを見極めているのではないだろうか。

例えば車を運転しているとき、これから通過する道路の脇を子どもが友だちと話しながら歩いているとしよう。このとき、私たちは大人が歩いている横を通過するよりも、より注意深く、スピードを落として通過するのではないだろうか。それは、子どもの方が「何をするか分からない」からだろう。あるいは、一目で違法な改造をしていると分かる車は、こちらが予想しないような動きをするかもしれないと思い、近づかないようにするかもしれない。だが、このような判断も、難易度はかなり高いだろうが、ＡＩには全く不可能だとは言い切れないだろう。

以上のように、他者がルールを守るかどうかを予想することそれ自体は、原理的にはＡＩにも可能だと思われるのだが、それでは逆に、（ＡＩが予想・評価するのではなく）人間がＡＩをどう評価し、ルール違反の可能性をどのように判断するのか、という点についてはどのように考えられるだろうか。

私たちは現在でも、コンピュータによる制御を基本的には信頼している。現行の自動車でも、様々な場所でコンピュータによる制御は行われており、私たちはそれが、決められた通りには動作しない可能性をそれほど心配はしていない。これは、コンピュータは決められたルール通りに動作するはずだからであり、そのように設計した技術者や生産ラインを信頼しているからだろう。つまり、「ルール」という言葉に引きつけて言い換えれば、コンピュータは「ルール違反をしない」（ルール通りに動作する）という点において信頼されているのだ。

それでは、自動運転において、人間と同じようにAIが場合によってはルールを破るように作られるとするのなら、私たちはどのようにAIを信頼すればよいのだろうか。

人間が他の人間を信頼することができる、つまり、決してどんな軽微なルール違反も侵さないだろうと予想するのではなく、多少はルールに反してもそんなにひどいことはしないはずだと予想することができるのは、他者もまた何らかの責任のもとに行動しているだろうと考えるからだ。そのため、無責任な子どもよりも責任ある大人の方がより信頼できると思うわけだし、何らかの逸脱的な特徴を持つ人は、自分と同じような責任を負っているとは受け止められずに、あまり信頼できないと判断するのかもしれない。

それではAIはどうだろうか。AIもまた責任を負っていると私たちは判断できるのだろうか。

ここで問題は、AIの責任という、すでに議論した問題に帰着する。私たち人間が、AIが操作する自動運転車が自動車交通という社会の正規のメンバーであることを受け止めるためには、AIもまた人間と同じように責任を持ってこの社会に参加すること、そして、AIもまた自分自身の責任においてルール遵守の判断することを、要求しなくてはならない。そうでなければ、時には（軽微な）ルール違反を事実上許容しつつも全体として秩序が維持されるような「社会」を維持できないからだ。

人間の社会がある種の「システム」だとしても、それは意志のない部品によって構成されているのではない。自らの利害とそれを守る意志を持つ個人が集まり、関わりあうことによって人間の社会は出来上がっている。それが人間の社会の不安定性と安定性をともに作り出しているのだ。

このような社会の一員として、ＡＩが受け入れられるためには、ＡＩもまたそのような社会の構成員たる資格、つまり自らの利害と意志を持つことが必要になる。さもなければ、私たちはＡＩを社会の一員として扱うことができないのだ。

そして、このような問題は、遠い未来になって初めて起こると予想される出来事ではない。自動車交通というシステムが一つの人間社会である以上、完全自動運転というものがもし実現されるなら、すぐにでも問題になることなのだ。

これで、ＡＩについて私が提出したいと思っていた論点は、おおむね出尽くしたと思う。そこで、次の章では、これまでの議論のまとめとして、汎用ＡＩは実現可能かどうか、また、有用であるかどうかについて、これまでの議論をまとめつつ、見解を明らかにしたい。

第11章　汎用ＡＩの可能性と有用性

この章では、これまでの議論に基づいて、まず汎用ＡＩ（人間と同等以上の能力を持つＡＩ）というものが実現可能かどうかについて、私の考えを明らかにしたい。

この点について、先に結論を述べてしまうと。私は汎用ＡＩというものが原理的に実現不可能だとは考えていない。そう呼ぶに値するものは、遠い将来、実現できるようになるかもしれないと思う。それは、実現不可能だと考える決定的な理由はないと思うからだ。しかし、現実的には、非常に困難な三つの壁が立ちふさがっていると私は考えている。そこで、まず私の考える汎用ＡＩを実現するための三つの壁を順に説明したい。

次に、有用性についてだが、これも結論を先に述べてしまえば、汎用ＡＩなるものには、ほとんど実用性はないと私は考えている。それは、仮に人間に非常に近いＡＩが実現したとするなら、それは人間の持っている、現在のコンピュータシステムにはない、ある「デメリット」を抱え込んでしまうからだ。このデメリットは非常に深刻であり、ＡＩを活用することを事実上不可能にしてしまうと思う。そこで、後半は汎用ＡＩが持つと考えられる二つのデメリットについて解説しようと思う。

そして最後に、これらの整理を踏まえた上で、一つの応用事例として、ＡＩによる自動運転のあり方について、私の意見を提示したい。

〈汎用ＡＩを実現するための三つの壁〉

汎用ＡＩの実現の困難性についての議論の前に、まずもう一度現在の到達点を確認しておきたい。

人間とコンピュータはともに（身体や機械の）制御や（状況に対応した）判断を行うことができるシステムだが、その基本的な動作原理はまったく異なっている。すなわち、人間は志向的なシステムであり、コンピュータは機械的なシステムだという違いは、両者の根本的な差異として、（コンピュータが進化した）ＡＩが人間に近づくことを阻んできた。

しかし、ディープラーニングを始めとする、機械学習技術の発展は、この状況を大きく変化させたと私は評価している。ＡＩが学習という仕組みによって志向性を手に入れつつあるのだ。ＡＩは目指すべき方向を何らかの数値によって示されれば、その方向に向かって自分自身でより適切な方法を見つけ出せるようになっており、これはＡＩが志向的になってきていることだと考えてよいだろう。

このように、近年のＡＩ関連技術の進歩は目覚しいものであるため、近い将来、ＡＩは人間に近づき、そして追い越してしまうとの予想が語られることにも、まったく根拠がないとはいえないだろう。

本書がこれまで示してきたのは、このような目覚しい進歩にもかかわらず、ＡＩが人間に近づくことは非常に困難だということだ。ただ、「壁」という表現は、ただ汎用ＡＩが困難だということを示すために使われているのではなく、むしろＡＩが人間に近づくための課題を明確にするための言葉だと考えていただきたい。

言語の壁

最初の壁は、言語の壁である。ＡＩはまだ私たち人間の言語（自然言語）を十分には理解することができない。言語の理解は、コンピュータの発展の非常に早い時期から意識的に取り組まれており、例えば機械翻訳などの分野では、大きな進歩が見られるものの、いまだに人間の翻訳にとって代われるようなレベルには達していない。これは、機械翻訳システムは、言葉の「意味」を理解せず、単純な文法規則と統計的な接続可能性の評価だけに頼って訳文を作り出そうとするからだ。

このことは、すでに多くの論者が指摘しているし、もはや常識と言ってよいほど普及した考え方だと思われる。だが、ＡＩが言葉の「意味を理解する」というのは、実際にはどのようなことなのか。そのためにＡＩはどのような能力を身につける必要があるのだろうか。

これまでの議論（特に哲学）では、この問題を考えるための中心になる概念は、「表象」であった。つまり、人間の言語は何かを表象するものであり、その限りにおいて、意味を持つ、という考え方である。しかし、そのような考え方に基づいて、ＡＩの進歩を構想しようと思っても、うまくいかないだろうと私は考えている。そもそも、表象という働きは、何らかの文脈（言語ゲーム）を前提としており、その文脈がまず理解できなければ、表象という働きも成立しないからだ。

そこで本書では、言語ゲームや志向性という概念を導入し、この問題を別の視点から捉えようとしてきた。

ＡＩは確かに志向的に振る舞うことができるようになってきたが、それは数値として示された基準に基づく志向性であり、言語によって志向性が示される人間の言語ゲームとは異なっている。そのため、ＡＩにとっての課題は、言語から志向性を読み取ることができるようになることなのだ。本書ではこれを「言語的志向性」という言葉で表した。

例えば、「歩く」というゲームの志向性を、目的地への効率的な到達（目的地の位置座標とエネルギー消費量などが基準）、安定性（バランスを取って転倒しないこと）や安全性（人や物にぶつからないこと）などの基準として与え、より良く「歩く」ことを学習させることはできる。しかしそれでは、「歩く」という言葉の意味を理解したとはいえない。効率性や安定性などの基準を人間が（言語ではなく）計算手順として与えてしまっているからだ。

しかし、「歩く」という言葉から、効率性や安定性、安全性などの基準を自ら見つけ出し、ただ「どこどこまで歩け」と命じるだけで、それらの基準をバランスよく満たすような行動を学習することができるようになったなら、その時は「言葉の意味を理解した」と評価してよいのだと思う。

「歩く」についての例は、命令・行為の言語ゲームだが、同じことは、質問・応答の言語ゲームでも言える。例えば、「これは何」と問われたとき、機械的に認識対象の「名前」を返すのではなく、その質問の志向性を読み取り、具体的な数値基準として設定して複数の解答候補の中から最も適切なものを選び出していく、そういったことが可能になって初めて、ＡＩが言語の意味を理解した（理解し始めた）と見なせると思う。

これらの課題が、具体的にどのような技術によって達成可能なのかは、残念ながら私には全く分からない。ただ、あくまでもイメージとしては、ディープラーニングのような仕組みが二重に積み重なったものではないかと思う。数値基準と動作や言葉との関係が現在取り組まれている学習課題だとすれば、それに加えて、言葉と数値基準との関係もまた学習されなくてはならないと思うからだ。

身体の壁

二つ目の身体の壁も、すでに指摘されているものだ。これは特に、ＡＩが持つべき常識知、あるいは暗黙知との関係で指摘されてきたことだと思う。人間が身体を持ち、様々な感覚器官を持つことによって、現実世界について知っている様々なことを、人間のような身体を持たないＡＩは容易には理解できない。人間の体にどのような力を加えると「痛い」のかを、私たちは自分自身の経験によって知ることができるし、様々なものの性質を、視覚だけでなく、何かとぶつかったときに生じる音や、触ったときの感触、匂いや味、そして触った感触や持ち上げたときの重さ、道具であれば使い方や、運動する物体なら動き方、扱いやすさや壊れやすさなど、様々な感覚と自らの身体運動との関わりをすべて結びつけて理解する。こういったことが、私たちの常識あるいは暗黙知を形作っているため、ＡＩが人間と同じような知識を持つことは困難なのだ。

本書ではこのような、身体に関わる問題が、特に学習といういとなみとの関係で重要になってくることを示した。

ＡＩが人間に近づこうとするなら、人間の感覚器官と身体に依存する知識を、「学習によって」身につけていく必要がある。そうでなければ、知識は固定したものとなり、常に柔軟に修正され続けていく人間の知識のようには運用できなくなるからだ。そして、学習によってそのような知識を身につける必要がある、ということは、人間のような身体を持ち、人間同様の感覚情報を得ることができなければならないということになる。これは高性能なロボットを製作することの困難さ、という問題だけでなく、コンピュータシステム上で大量の情報を処理することによって飛躍的に増大した学習速度を、現実の物理空間の制約を受けた速度にまで引き戻してしまうという問題も抱え込んでしまうだろう。

ただ、もしコンピュータシステムが、人間の五感に相当する情報や人間の身体運動とそれに対する物体の反作用などをすべてシミュレートできるようになれば、その中で構築された仮想現実上で学習が可能になるのかもしれない。それは相当にハードルの高い目標であるとは思うが、原理的に達成不可能な目標とまでは言えないのかもしれない。

社会性の壁

最後の壁は社会性の壁だ。これはＡＩ（あるいはそれを搭載したロボット）が、私たちの社会の一員として活動できるのか、ということだ。このように説明すると、それは非常に遠い将来初めて問題になることのように思えるだろうが、自動運転の例で示したように、これはすでに実際に問題になりつつあることなのだ。

人間は社会的な生き物だ。社会の中で生まれ、育つことによって、初めて人間らしさを獲得していく。そして、社会というものを構成することによって初めて、大規模に地形を改変し、生態系を破壊してしまうほどの強大な力を発揮する。もしＡＩが人間に近づくのなら、そのような「社会の一員」として活動できる能力を獲得する必要があるだろう。

では、その能力というのは一体どのようなものなのか。本書ではそれを、責任と信頼という言葉で表現した。

社会というものを構成するにあたって、人間はその「部品」として、常に社会全体に奉仕するように動いているわけではない。私たちは自分自身の欲求を持ち、それを満たそうとしているし、必ずしも全員が一致するとは限らない価値観をそれぞれが持っている。ルールが定められていても、それを破ってしまうこともあるし、他者を出し抜こうとしたり、傷つけたりしてしまうこともある。そのような、ある意味かなりわがままな存在であるにも関わらず、私たち人間はそれなりの秩序を作り上げているのだ。

人間の社会がこのようなものである以上、「ルールを決して破らないＡＩ」は、その社会の一員としての地位を得ることができない。社会的な存在としての人間はそのようなものではないからだ。

では、ルールを破る可能性のあるＡＩというものがもしあり得るとするなら、そのようなＡＩはどのようにコントロールされるのだろうか。それは一言で言えば、人間と同じように、ということであり、人間がルールを守る仕組みと同等の仕組みがＡＩにも適用されなくてはならない。そして、そのためには、ＡＩ（ロボット）も人間と同様に「個人的利害」を持たねばならない、というのが私の結論だ。

社会性の壁は、純粋に技術的な問題ではない。技術的には、何らかの方法で、ＡＩに個人的利害をもたせる方法はあるのかもしれない。しかし、もしそうだとしても、それは倫理的に許されることなのだろうか。また、私たち人間の社会はそのようなＡＩを社会の「メンバー」として受け入れるのだろうか。人間同士でさえ、人種や文化や宗教やイデオロギーの違いによって、分断が引き起こされているのに、ＡＩという異質性が非常に高い存在を受け入れる度量が私たちにあるのだろうか。このような問題、つまり汎用ＡＩというものが「社会的に可能かどうか」ということは、遠い将来のこととしてではなく、部分的には現実になりつつある問題として、真剣に議論しなくてはならないだろう。

仮に、これら三つの壁をすべて突破することができれば、それで汎用ＡＩは可能になるのか。この問いに対して、私は確信を持って答えることはできない。もしかしたら、まだ重要な条件を見落としている可能性は否定できないと思う。しかし、汎用ＡＩを実現するためのハードルの高さを理解するには、この三つの条件で十分すぎるほどではないだろうか。そして、そのハードルの高さと比較して、次に説明するようなデメリットを考え合わせれば、自ずから結論は導かれるのではないかと私は考えている。

〈汎用ＡＩの二つのデメリット〉

現行の（学習を行わない）コンピュータが機械的なシステムであり、これに対して人間は志向的なシステムであるというのが、本書の基本的なコンセプトだ。そして、ＡＩが人間に近づこうとするなら、より志向的なシステムへと変貌していかざるをえない。それは、より高度で柔軟な判断や制御を行うことができるといったメリットももちろんあるのだが、一方では、機械的なコンピュータの持つメリットを失うことも意味している。それは、機械的であることによる安定性を失い、より（柔軟ではあるが）不安定なシステムになっていくということだ。

機械的なシステムとしてのコンピュータは、基本的に「間違う」ことはない。もし誤動作をしたり、動かなくなってしまったりすれば、それはコンピュータの「間違い」ではなく、故障、もしくは設計や製作上のミスである。このような（間違わない、などの）安定性は、高速性と並んで、コンピュータシステムの最大のメリットの一つであろう。

しかし、ＡＩが志向的になっていくに従い、その安定性は失われる。これは人間に近づいていこうとするなら当然のことで、決して間違わない人間などというものが存在しえないのと同様、決して間違わない汎用ＡＩもまたあり得ないのだ。

では、ＡＩが不安定であるというのはより具体的にはどういうことだろうか。ここではそれを二つに分けて説明しようと思う。一つは、すでに述べた「間違うこと」、もう一つは「ルールを破ること」である。

間違うこと

機械学習によって志向性を獲得したＡＩが間違いを犯す可能性があることは、これまで説明してきた通りだ。そして、その間違いが予測困難であることもまた、志向的なＡＩの特徴である。

しかし、間違う可能性をあらかじめ織り込んでおけば、そのようなＡＩも役に立つ場面はあるのではないだろうか。

たとえば、医療診断を行うＡＩの診断結果を、あくまでも一つの情報として最終的には人間の医師が診断を下す。そのような使い方であれば、反対する理由はまったくない。つまり、ＡＩの判断が直接人々に影響を与えず、人間の判断を介してのみ、社会的な選択あるいは行動として現れるのであれば、ＡＩの「間違い」はそれほど問題にはならない。しかし、汎用ＡＩというのはそのようなものなのだろうか。

自動運転ＡＩのように、ＡＩの活用は、人間の判断を経ずダイレクトに社会に対して影響をあたえるようなものにまで広がっていくだろう。そして、そのような場合に生じた「間違い」については、責任をどう考えればよいのかという非常に困難な問題が立ちふさがっているのだ。

ＡＩの可能性を信じる人の中には、技術の進歩とより高度な学習によって、「間違い」の可能性はどんどん少なくなっていくはずだと考える人もいるだろう。確かにそうかもしれない。しかし、そのことは問題の根本的な解決にはならないのだ。いくら少なくなっても間違いの可能性はゼロにはならず、間違いの責任という問題を回避することはできないからだ。

私は、ＡＩ技術の進歩が社会に対して恩恵をもたらさないと考えているわけではない。ただ、人間に近づこうとすることは、必ずしも必要はないだろうと考えているだけなのだ。

基本的に機械的なシステムによって構成され、「間違わない」ＡＩは有用だと思うし、そのシステムに、部分的に志向的なシステムを組み込むことも可能だろう。

また、最終的に人間が判断することを前提とした、間違う可能性のあるＡＩもまた、有用だろうと思う。

そのような有用性を捨ててまで、ＡＩを人間に近づけようとする必要はまったくないはずだと思うのだ。

ルール違反をすること

自動運転のように、AIの判断が直接社会に大きな影響を与え、AIがいわば社会の一員として行動するようになれば、AIとルールとの関係が問題になる。

このとき、忘れてはならないことは、私たち人間が機械的にルールを守っているわけではない、ということだ。

機械的にルールを守るような自動運転AIは、ある程度実用性のあるものが実現可能だろう。しかし、自動車交通という社会にそのような自動運転車が参入してくれば、機械的にルールを守っているのではない人間の運転者との間で、様々なトラブルが生じる。

そのため、AIを人間に近づけて問題を解決しようとすれば、AIもまた機械的ではないルールの守り方をさせる必要が出てくるが、それはすなわち、AIもまたルールを破ることができるようになる、ということを意味している。

もし、そのようなAIが出現するとすれば、私たちはそのようなAIをどのようにしてコントロールできるのだろうか。人間の場合は、基本的にそれぞれの人間が、個人的利害（財産や、欲求や、自尊心など）を持っているることを前提にして、ルールを守らせる仕組みが作られているのだが、AIもそのようにコントロールすることになるのだろうか。

私は、そのようなAIのコントロールの仕方はナンセンスだと思う。それは（人間と同様に）不安定であり、

（犯罪者ならぬ）犯罪ＡＩを生み出してしまうだろう。

そもそも、そのような状態を目指す必要はまったくないのだ。機械的にルールを守るＡＩとそうでない人間との間のトラブルは、人間側が配慮することによって解決すればよいだけの話だ。

人間のルールとＡＩのルールは異なる。ＡＩは機械的にしかルールを守れないので、ギャップは人間側が埋める。そのための人間側のルールを新たに作る。それがあるべき方向だと思う。

この点に関しては、より具体的なイメージを、次の項目で自動運転を例にして説明したいと思う。

繰り返しになるが、私はディープラーニング等の志向的な技術の有用性を否定しているのではない。間違うことやルール違反をすることは、柔軟性や創造性と表裏一体だ。人間が最終的にチェックして責任を負うなら、間違うことは問題にならないないし、ルール違反をさせることもない。要は人間の制御のもとで動作するシステムだということが重要だということだ。人間はＡＩの制御の手綱を決して離してはならない。

〈自動運転のあるべき姿〉

まず、基本的な走行については、根幹部分は機械学習に頼らず、明確なロジックに基づいて作られるべきだと思う（すでにそのように作られているのかもしれないが）。そのことによって、（基幹部分に関しては）「間違わない」システムになるからだ。重要なことは、もし事故が起こったときに、その原因を解明することができ、すぐに対処ができるようなシステムであることだ。機械学習に過度に依存すればそれらが困難になることは、すでに説明した通りだ。そのようにすれば、様々な状況に柔軟に対応することは困難になるかもしれないが、それは甘んじて受け入れるしかない。それよりも重要なことがあるし、人間の側が対処することによって解決可能な問題もあるからだ。

次に、ルールに関してだが、自動運転車が人間の交通ルールを守ることは難しい。それは、人間のために作られたルールだからだ。そのため、まずするべきことは、自動運転車専用の交通ルールを作ることだと思う。それは人間のルールとは異なり曖昧な部分が全くなく、機械的に守ることができるルールでなくてはならない。また、そのルールは、自動運転システムの現状の能力に応じたものにする必要があるだろう。

たとえば、速度や車間距離、走行車線といった基本的な運転方法については、技術の進歩に合わせて段階的に人間のルールに近づけていくようにした方がいいかもしれない。仮にＡＩの方が人間よりも反応速度が速く、高速でもより安全に運転できるのだとしても、人間の側が（人間とは異なる予想外の）自動運転車の動きに対応できない可能性があるからだ。

また、侵入可能な道路も、道路の整備状況や運転技術に合わせて、徐々に広げていくべきだろう。これまで例としてあげてきた優先道路への進入や、狭い道での行き違いなども、ＡＩのルールは明確に（機械的に従うことができるように）定めておく必要があると思う。そのことによって対処が困難な状況が生じるはずだが、それは人間の側が対処するべきなのだ。

このように、人間のルールとＡＩルールを分けるのであれば、それぞれの車がどのルールに基づいて動いているのかがひと目で分かる必要がある。自動運転車は自動運転車であるということを明確に示しながら通行するべきなのだ。

そして、異なるルールのギャップを埋めるために、人間のルールに自動運転車への配慮の項目を付け加える必要がある。状況に応じた柔軟な対応ができない自動運転車は、周囲の人間がケアしてやらなければならないのだ。そうでなければ、たとえば優先道路に進入しようとする自動運転車（ひと目でそれと分かる）がいつまでたっても侵入できないような事態が容易に生じてしまうだろう。また、自動運転車が何かトラブルを起こした際の対処の責任を、乗車している人や通りかかった車の運転者などに科すルールも必要だし、事故を起こした場合の責任も明確にしておかなくてはならない。

以上のような条件を考慮するなら、自動運転車というのは、現在の自家用車がそのまま置き換わるような、自由にどこでも行くことができるようなものには、少なくともすぐにはできないと思う。路線バスは最初の試みとして当然候補になり得るし、配車場所や目的地に一定の制限のあるタクシーなども考えられるだろう。それでも、十分な運転技術の進歩と法律の大規模な整備は必要なのだ。

本章では、汎用ＡＩのネガティブな面を強調することになったが、これはあくまでもＡＩが人間に近づくことへの懸念を示したものであって、そうでない（機械的な）ＡＩの有用性を否定するものではない。そのような、機械的なＡＩはすでに多くの場面で積極的に活用されており、現代社会に欠くことができない存在であると言っても過言ではないだろう。そして、そのようなＡＩの活用は今後も急速に広がっていくことが予想され、「はじめに」でも書いたように、ＡＩが人間の仕事を奪うのではないかという懸念が生まれている。

そこで、次の最終章では、これまでの議論を踏まえて、ＡＩにはできず、人間だけができることは何か、人間はどのような点でＡＩに対して優位性を持っているのかを考えてみたい。

第12章　そして、私たち人間は……

人間がＡＩに対して持っている優位性とはなんだろうか。本書のこれまでの議論からは、第11章で説明した三つの壁がそれぞれ人間の優位性であると考えることができる。

少なくとも現在はまだ、人間はＡＩに対して自然言語を扱う能力において十分な優位性を保っているし、五感と身体を通して世界を認識できることも、大きなアドバンテージだ。しかし、この二つの点については、絶対的なアドバンテージだとはいえないと私は考えている。急速なＡＩ関連技術の発展は、言語処理能力も、多様な感覚情報と身体運動との連携も、大きく進歩させていくかもしれない。

しかし、三つ目の社会性については、技術の発展だけではどうにもならない問題であるし、おそらくは、人間とＡＩの根本的な違いとして残り続けるのではないかと思う。

そのため、人間のＡＩに対する決定的なアドバンテージは、基本的に社会性に関するものだということになるのだが、もう少し具体的に言えば、どうなるのだろうか。人間はＡＩにはない社会性を持っているがゆえに、何ができるというのだろうか。

私はそれを、「間違うこと」と「ルール違反をすること」の二つだと言いたい。

この主張は、とても奇妙にみえるかもしれない。

まず、「間違うこと」も「ルール違反をすること」も、一般的には「良いこと」ではないので、それをメリットだという主張には、十分な説明を求められるだろう。また、11章ではこの二つを汎用ＡＩの「デメリット」として提示したばかりであり、それを人間の「メリット」だというのは、あまりにも強引な議論ではないだろうか。

このような受け止め方はまったく当然のことなので、これから順を追って説明していくが、まず後者についてだけ、つまり人間とＡＩとでメリット／デメリットが逆転するのはなぜかという点について、基本的な考え方を提示しておきたい。

それは、人間はＡＩとは異なり、責任を負うことができるということだ。ＡＩが間違ったりルール違反をしたりすることが致命的なのは、それが（人間の判断を経ずに）ダイレクトに社会に影響をあたえたとき、ＡＩが責任を負うことができないからだ。しかし、人間は責任を負うことができる。そのため、間違いやルール違反の意味がＡＩとは同じではないのだ。

では、間違うことやルール違反をすることは、どのような意味でメリットに結びつくのか。それぞれについて説明していこう。

〈間違えることの効用〉

最初に断っておきたいのは、私は間違うこと、あるいは失敗することが常に良いことだと言いたいわけではない、ということだ。間違うことや失敗することは、様々な不利益を自分自身や周囲の人々に与える可能性がある。私たちはできるだけ間違わないように心がけて行動しているはずだし、意図して間違うことは基本的にはあり得ない。

それではなぜ、間違うことがメリットに結びつくのかというと、「リスクを冒すこと」や「(失敗を恐れず)チャレンジすること」の必要性を強調しているのだと言えば分かりやすいのではないかと思う。

例えば、あなたが何か大事な荷物を自動車で運ぶ仕事を依頼されて、それを引き受けるかどうかの選択を迫られているとしよう。あなたは自動車で荷物を運ぶ資格を持っていて、運転にもそれなりに自信はあるが、それでもなお事故を起こしてしまうリスクはゼロだとはいえない。このときあなたは、自分の行為が原因で事故を起こしてしまったときには、自分が何らかの形でその責任を負わねばならないことを理解しているはずだ。そして、リスクの大きさと負わねばならない責任の大きさ、得られる報酬などを勘案して、引き受けるかどうかを判断するだろう。

つまり私たちは、責任を負うことによって、初めてリスクを冒すことができるし、周囲もリスクを冒すことを認めることができるのだ。そして、そのことによって、万が一失敗した(間違った)ときも、それは基本的に織り込み済みの失敗(間違い)、対処可能な失敗(間違い)となる。

責任を負うということは、単に失敗した（間違った）ときの損害を補償するという、保険のような役割を持つだけではない。私たち人間は、意識の持ちようによって間違いの可能性が変化する生き物なので、責任を意識するということそれ自体が、間違いを少なくする効果も期待できる。また周囲も、この人はしっかりと責任感を持っているから間違う可能性は低いだろうといった判断をするだろう。つまり、責任というのは、リスクを管理する仕組みなのだ。

このように管理されたリスクを冒すことで、私たちは、大きなリターンを受け取る可能性を得ることができる。そしてこれは、（個人的利害を持たない）ＡＩには決してできないことなのだ。

だが、これだけでは、「間違えることの効用」ではなく、「リスクを冒すことの効用」なのではないかという反論も考えられる。確かに、間違うことそれ自体は望ましくないままだ。

しかし、私は間違うこと（失敗すること）それ自体にも無視できない価値があると考えている。それは、人間は（志向的なシステムは）、間違いから学習する、ということだ。

やや極端な言い方をすれば、私たちは、間違い（結果的にうまくいかないこと――失敗や、結果が相対的に望ましくないあるいは満足できない場合も含めて考えてほしい）からしか学習することができない。もしすべてが上手くいっているように思えて、常になんの不満もない状態が続いているなら、そこからは進歩は生まれない。周囲の人が十分満足できる結果だと評価してくれても、いやまだこれでは不十分だ、まだどこかに小さな間違いがあるのだ、もっと良くなる可能性があるのだと、満足しない心があるからこそ、進歩というものは生まれるのではないだろうか。

人間は機械的なシステムではないので、私たちのなすことは非常に不安定だ。いつも通りにしたつもりでも、ちょっとしたことで間違いが生じ、失敗が生まれてしまう可能性がある。しかし、そのことが何らかの発見につながり、進歩をもたらす可能性もある。少なくとも、完全に機械的なシステムからは決して進歩というものは生まれない。

以上のことから、間違うことや失敗することと、進歩や創造性は表裏一体の関係にあることが分かる。そして、そのように間違う可能性を、私たちは責任という仕組みで担保しているのだ。

仮に志向的で間違う可能性のあるAIを運用したとしても、間違っているかどうかを最終的に確認し、責任を負うのが人間である限り、創造性は人間から生まれる。AIはただ材料を提供しているだけにすぎない。

AI関連技術が進歩し、その活用がどんどん広がっていっても、私たち人間は、「間違い」と上手に付き合い、それをうまく活用していくことができる限り、人間の優位性は決して揺るがない。

しかし、より機械的になることによって間違いを免れようと努力するなら、その方向では決して人間はAIにはかなわないので、人間は人間であることの意味を見失ってしまうかもしれない。また、間違っても責任を取らない（取らせることができない）ような立場が認められてしまうなら、あるいは、間違いから何も学ぶことができなければ、間違いには何の意味もなく、ただ単に周囲に不利益を撒き散らすだけの存在になってしまう。それではAIと何も変わらない。

間違いを恐れすぎず、責任が持てる範囲である程度の間違いを許容するようなシステムこそが、AIには真似のできない人間らしいシステムなのだと私は考える。

特に、教育といういとなみにおいては、間違いをきちんと評価することは極めて重要だ。ある意味では、教育の要諦は、安全に、効率よく間違わせること、なのかもしれない。

〈ルール違反の効用〉

ルールについても、基本的な考え方は間違いの場合と同じだ。ルール違反の効用と言っても、決してどんな場合でもルールを破って構わないと主張しているわけではもちろんない。それではルールの意味がなくなってしまう。

第10章でも説明したように、人間はＡＩと異なり、ルールを機械的に守っているわけではない。ルール違反をする人は絶えることがなく、細かなルール違反なら、全くしたことがないという人のほうが珍しいだろう。それでも、全体として秩序は守られ、大きなルール違反や悪質なルール違反をする人を少数に留めておくことは可能だ。このようなルールに対する柔軟な態度こそが、人間のルール（社会的なルールと言っても良いかもしれない）の特徴だ。

例えば、遅刻をしてはならないというルールがあっても、それよりも優先すべきやむを得ない事情があれば、（たとえ遅刻禁止のルールに明示的な免責規定がなくても）私たちはそのルールを破ることがある。もちろん、それが本当に「やむを得ない事情」であるのかどうかは恣意的に判断できることではなく、より一般的な道徳観念や価値観などに照らし合わせて判断されるだろうし、事後的に他者のチェックを受けることになるかもしれない（そして、それは「やむを得ない事情」ではないと判断されるかもしれない）。

このようなルール違反は、ルールの規定が充分でないことに起因していると見ることもできるだろう。遅刻しても許されるのはどのような場合なのかを十分に網羅しておけば、誰も迷うことなくルールに従うことができるのではないか。ルールの規定をもっと詳細に整備していけば、このような問題は起こらなくなるだろうし、それを目指すべきではないのだろうか。

私は、このようにルールの規定をどんどん細かくして、ルールを参照しさえすればすべて迷いなく（つまり機械的に）従えるようにすることを目指す、という考え方には賛成できない。これはＡＩのルールとしては適切であっても、人間のルールが目指すべき方向ではないと思うからだ。

ＡＩと異なり、人間はルールの「趣旨」を理解し、なぜそのような規定が必要なのかを踏まえた上で、それに従おうとする。遅刻を禁止する規定は、それがルールであるからという以前に、時間を決めて開始しようという趣旨を理解しているから、つまりゲームを理解しているから、それに従うのだ。そして、ルール違反をしてもやむを得ない場合も、細かい規定がなくても自分自身で判断できるはずなのだ。

ここまでは、必ずしも「ルール違反の効用」とまでは言えない内容だったが、間違いの場合と同じく、ルール違反にもそれ自体の価値がある。それは、ルールが何らかの意味で「悪い」場合には、それに縛られないことが「良い」ことになる可能性があるからだ。

例えば、時代遅れのルールというものがあるかもしれない。組織の中で長い間に形作られてきた手順がルールとして明文化されていたり、不文律として守られていたりすることもあるだろう。しかし、その組織を取り巻く状況は大きく変化し、いまやその手順は不効率であったり、精度を欠くものになっていたりするかも知れない。そんな場合は、そのルールを無視することこそが「正しい」場合もあるだろう。また、組織的な不正を形作るルールに従うことは、その不正に加担することだと判断される場合には、そのルールに従わないことが「正しい」ことなのかもしれない。つまり、ルールに従うことそれ自体が常に「正義」や「善」であるとは限らないのだ。

もちろん、ルールを破ることには当然、責任を負わねばならない。「こんな時代遅れのルールは無視してしまおう」と決断したり呼びかけたりすることには、それなりの責任が伴うはずだ。つまり、私たちは責任を負うことができるからこそ、ルールを破ることもできるのだ。

私たち人間は、ＡＩとは異なり、ルールを柔軟に守り、守らせ、必要なら破ることもできる。また、ルール違反に柔軟に対処したり、新たなルールを作り出したりすることもできる。このような能力は、組織や社会を作り出し維持するための必須の能力[41]であり、人間がＡＩに対して持っている、絶対的なアドバンテージではないだろうか。

間違うことにしても、ルール違反をすることにしても、どんな場合には間違ってよいのか、リスクを冒してよいのか、あるいはルール違反をしてもよいのか、などということを細かく規定することはできない。もしそれができるのであれば、ＡＩにもできるということになる。人間がＡＩよりも優位に立つためには、そのように、マニュアル化できない部分を活かす他ないのだ。ＡＩに負けない必勝法などというものは存在しないし、ＡＩに仕事を奪われないためのマニュアルというものもまた、存在し得ないのだ。

おわりに

まず、本書の執筆の意図や経緯などを簡単に記しておきたい。

本書の理論的なベースになっているのは、私が2013年に発表した、「言語ゲームと志向性――社会学的視点から」という論文である。本書で用いた「言語ゲーム」と「志向性」という二つの概念は、基本的にこの論文に拠るものだ。

この論文を書いたあと、私は自分の考えをより深めていくために様々な事例に基づいた考察を進め、メモとして書き溜めていたのだが、いつしかそれらがある程度の分量と、それなりのまとまりを持つようになってきた。そこで、それらを核として一般向け書籍を書いてみようと思い立ったことが、本書執筆の最初の動機となった。

2013年の論文はもともと、言語ゲームをある種の「プログラム言語のようなもの」と見なすことに発想のヒントを得ており、その後の考察も人間とコンピュータ（AI）との違いがモチーフとなっているものが多かったので、AIを扱いつつ人間についての洞察を深める、といった方向性は定まったが、実は執筆を開始した時点ではまだ本書のコンセプトを詰めきれていない状態だった。

一方、本書の執筆を準備する中で、私はＡＩをめぐる最近の状況について資料を集めて読み込んだ。もともとＡＩには関心を持っていたし、ディープラーニングや機械学習という技術についても（文系なりの）一通りの知識は持っていたのだが、あらためて強く感じたのは、技術の進歩の恐ろしいほどのスピードだった。そして、（外から見れば）「熱に浮かされた」ように見える状況の中で、ほとんど議論されていない問題があることに気がついた。それが本書の終盤の主題となっている、ＡＩと社会性に関するテーマである。

ＡＩが、人間から独立して社会的な意思決定に参加するようになるなら、あるいは（車の自動運転のように）人間の管理から離れて社会的な意味のある行動をするようになるなら、それはもはやＡＩの「社会参加」と呼びうるような事態になる。それは可能なのだろうか。何らかの問題を引き起こしてしまわないのだろうか。

社会学者は、「社会」というものを、コンピュータシステムのような、きちんと統合された、明確なルールに基づいて動くシステムだとは見なしていない。社会を構成する人間は、一人ひとりが自分自身の欲求や意志を持ち、互いに協調したり対立したりしながら、社会秩序を形成している。様々な社会制度や組織や正当とされる価値観が存在する一方で、犯罪などのルールに反する行為は決してなくならず、大規模な暴力や破壊も起こり続けている。そのような、ある程度の秩序とある程度の混沌を併せ持つのが、社会というものだ。

そのような社会に、もしＡＩが参加すれば何が起こるのか。これは、社会学者が答えなくてはならない問題なのではないだろうか。このような問題意識が、自分の中で徐々に明確になってきた。

ＡＩと社会性に関するテーマは、おそらく様々な切り口が考えられるテーマなのではないかと思うが、私はこのテーマについて、自分の理論的立場から重要な提言ができるのではないかと考えた。つまり、「言語ゲーム」や「志向性」という概念を手がかりにしてＡＩと人間を比較し、それを土台にしてＡＩと社会性というテーマに切り込む、という流れが見えてきたのだ。

本書は、概ねこのような経緯で書かれた。

本書を執筆してみて、改めてこの問題に社会学者が関わる必要性を強く感じた。

ＡＩを社会的に受け入れるためには、私たちは、ＡＩとは異なる人間としての私たち自身について、そして、雑然とした秩序を持つ私たちの社会について、これまで以上により良く知っている必要があると思う。そして、そのような知識を提供することは、社会学者の使命の一つではないだろうか。

ただ、もちろん私も含めてだが、今の社会学者はそのような要請に答える準備が十分にできているとはいい難いかもしれない。それならばなおのこと、この問題に取り組むことは、私たち社会学者の理論水準を高めるためにも、役に立つのではないだろうか。

注

1　新井紀子がプロジェクトディレクタを務めた「ロボットは東大に入れるか」プロジェクト。詳しくは、新井、二〇一八を参照。

2　ここはレイ・カーツワイルらが提唱する「シンギュラリティ」を念頭に置いて書いているのだが、これをめぐる議論は複雑であり（なおかつ本書の核心にかかわる問題である）、ひとことで整理するのは難しい。とりあえずは、AIの急速な進歩を前提として、その影響の大きさや評価をめぐって活発な議論が行われていることを指摘しておきたい。

3　オリジナルの論文は、"THE FUTURE OF EMPLOYMENT: HOW SUSCEPTIBLE ARE JOBS TO COMPUTERISATION?" というタイトルで、インターネットで読むことができる https://www.oxfordmartin.ox.ac.uk/downloads/academic/The_Future_of_Employment.pdf）。ネット上には日本の解説も多くあるので必要なら見てほしい。

4　野村総合研究所ニュースリリース２０１５年「日本の労働人口の49％が人口知能やロボット等で代替可能に」（https://www.nri.com/jp/news/2015/151202_1.aspx）

5　新井、前掲書、２０４ページ

6　クリプキのクワス算については、Kripke, 1982を参照。

7　ゲームそれ自体が人を無条件にひきつけてしまう、ということがイメージできる例を一つ紹介しておきたい。有名な古典落語に「時そば」というものがあるのをご存知の人も多いだろう。これは屋台のそばを食べたが客が代金を払うときに、「１（ひい）、２（ふう）、３（みい）…」と数えながらお金を渡し、８まで数えたときに、ふいに時刻を尋ねる、という話である。時刻を尋ねられた店主は思わず「９（ここのつ）」と答えてしまい、それを引き継ぐように客が「10、11、12」と続け、９を抜かすことによって代金をごまかす様子が描かれる。これはあくまでも笑い話なのでそんなことは実際にはできないのかもしれないが、それでも、ふいに今何時だと尋ねられれば、実際に声に出して答えるかどうかはともかく、頭のなかで考えてしまう可能性が高いことは事実だろう。同様の例として、戦いのさなかに相手に「8足す9は?」といった足し算の問題を出して相手に考えさせ、注意をそらすといったお話もある。コンピュータに置き換えて考えてみれば、これらは一種のハッキングだと考えてよいのではないだろうか。コンピュータのハッキングも、DDoS攻撃のようにコンピュータが「つい答えて(考えて)しまう」という性質を利用したものがあるからだ。

8 場合によっては、相手の問いを全く意識することなく、自分の「伝えたい」という思い(「知ってほしい」ではない。知る主体は相手だから、それでは問うべきだということと変わらない)が、自分の発言を方向付けていることがあるかもしれない。そのような発話は、良し悪しはともかくとして、何かに対する答えでもなく、相手の答えを期待しているわけでもないので、質問・応答の言語ゲームではなく、命令・行為の言語ゲームの系統に属すると考えるべきかもしれない。つまり、婉曲的な命令か儀礼的な行為といったものとして扱うということだ。

9 では、質問・応答の言語ゲームの質問の部分に現れる言葉はどうなのかというのは良い質問だ。それは第4章で説明したい。

10 ウィトゲンシュタイン『哲学探究』第23節。訳文は黒崎、一九九七による。

11 ブランダムの著作は最近になってようやく一冊が翻訳された(Brandom, 2000)ところであり、本書執筆時点において日本ではまだあまり研究が進んでいないようだ。日本語の解説としては、私が見た中では岡本、二〇一二が詳しい。

12 石工が弟子に対して、「台石」「柱石」「板石」「梁石」の四語だけで指示を出し。弟子はそれに対して、石工が必要としている石材を運ぶという「ゲーム」。ここで使われている言葉は必ずしも「ものの名前」ではなく、ウィトゲンシュタインはこれらの言葉だけでコミュニケーションが成立し、ゲームが成り立つことを示そうとした(『哲学探究』第2節)。

13 Brandom, 2000, 邦訳書20ページ

14 Irie, 2017

15 必ずしもすべての心的現象が志向的であるとは考えない研究者もいる。例えばサールなどである(Searle,1983)。

16 Searle, 1980

17 「私はあなたを信じます」という発話はどう考えればよいのかという疑問を持つ方がいるかもしれない。この場合は、「信じる」というのは行為のようなものであり、意図してできることなのではないだろうか。私の解釈では、この発話は「信じる」ということを行うという宣言ではなく、「信じる」ことを前提にして何らかのことをする、という宣言なのではないか、というものだ。例えばあなたが無実だという主張を私は信じ、あなたの味方をしたり無実だと自分も主張したりする、といったことが宣言されているのではないだろうか。この場合も、「信じる」ということそれ自体を意図して行っているわけではない。

18 「個人的利害」という言葉で説明している。

19 ただし、通信のようにコンピュータの外部に不確かさの要因があるものはある種の確認の言語ゲームに相当する機能がある。

20 朝日新聞2016年3月16日朝刊37面「AI『ヒトラーは正しかった』MS、実験中止」

21 ただし、欲求については、それ自体が命令・行為の言語ゲームの原因になることも考えられる。自分の欲求を自覚しないまま目の前にある食べ物を食べようとする、といったことが考えられるからだ。ただこの場合の欲求から行為に至るプロセスは、言語的な思考ではない。つまり実践的推論の出発点や前提として欲求が用いられるとすれば、それは言語的に把握されている必要があるのだ。欲求は推論の一部として用いられることもあれば、推論という経路を用いずに私たちの行動の影響を与えることもある。この二つは全く違うことなので、混同してはならない。

22 もし将来、人間と同等なAIが誕生するとすれば、そのAIは「足し算」のような基本的な計算を「学習」する必要があるのではないだろうか。そのことによってはじめて、AIは数を「足す」「加える」というのがどういうことなのかを理解するのだ。

23 アイザック・アシモフが短編集『I, Robot』(複数の邦訳あり)で提唱した、ロボットが従うべき基本的な三つの原則。
第一条：ロボットは人間に危害を加えてはならない。また、その危険を看過することによって、人間に危害を及ぼしてはならない。
第二条：ロボットは人間に与えられた命令に服従しなければならない。ただし、あたえられた命令が、第1条に反する場合は、この限りではない。

第三条：ロボットは、前傾第一条および第二条に反する恐れのないかぎり、自己を守らなくてはならない。

——訳文は、小尾芙佐訳『われはロボット』（早川書房、1983年）による。

24 例えばサッカーのルールであれば、ハンドやオフサイドなど、特定の行為を禁止するものはここでの考察対象になるが、フィールドの大きさやサッカーボールの規格など、プレイヤーの行為を直接左右しないものは考察対象に含めないということだ。

25 このルールは、禁止または強制する行為と直接指定しているのではなく、「先生が指示する行為」を強制するという形式になっている。つまり、強制・禁止の対象を間接的にしているのだ。そのため、私はこれを「間接ルール」呼び、前者の「直接ルール」と区別している。ただし、本書の議論ではこれらの違いに大きな意味はない。二種類のルールの違いにかかわる議論については、拙著『ルールリテラシー——共働のための技術』（佐藤、二〇一六）を見てほしい。

26 Crane,1995

27 クレインはさらに、ドレイファス（黒崎政男・村若修訳『コンピュータには何ができないか——哲学的人工知能批判』産業図書、1992年（原著は1979年）。ただし、クレインが参照しているのは1992年に再版された"What Computers Still Can't Do"（未邦訳）である）の主張を引きつつ、常識的な知識（の多く）は一種の技術知（ノウハウ）であり、そのことがコンピュータが常識を持つことを困難にしていると論じている。その結論自体に異論はないが、「常識」の中のルール（規範）に関する部分と方法に関する部分（技術知）は分けて考える必要があるし、常識を運用する能力も、推論と学習の両面から考える必要がある（クレインは学習についてはほとんど考慮していないように思う）。つまり、「常識」を文章化してＡＩに覚えこませたり、論理的演算によって正しい判断ができるようにしたりすることだけが、ＡＩが常識を身につける方法とは限らず、ＡＩは人間と同じように常識的なルールを経験から学習できるのか、人間と同じようにノウハウとしての常識を経験から学習できるのか、といった問い（この二つには大きな違いがある）もまた重要だと私は考えているのだ。

28 ここでの利害とは、経済的なものに限らず、名誉や地位など社会関係的なもの、自尊心などの心理的なもの、そして快・不快などの身体的なものも含む。

29　これは人間のためのルールではないが、人間が理解できるような言葉で書かれているので、事例として取り上げた。

30　ルールの参照という概念は、私が拙著（佐藤、前掲書）で提唱しているものだ。また、これ以降の議論も基本的にこの本の主張に沿って展開しているので、参考にしてほしい。

31　ここでの「説明」というのは統計学的な概念である。画像を少数のパターンの集まりだと考えて画像を再構成したものと実際の画像とを比べ、その違い（誤差）が小さいときに説明力が高いと考える。

32　これはまだ十分な根拠のない仮説的な主張だが、私たちの認識がこのように総合的なものだからこそ、クオリア（感覚質）と呼ばれるものが生じるのではないだろうか。リンゴの赤い色を見て、そのすべすべとした触感や、手に持った時の重さや硬さ、そして甘酸っぱい味やにおいなどが連想される。そういった複数の感覚が結びついて、それぞれ単独の感覚から得られる物理的信号には還元できない質感が生まれるのかもしれないと私は考えている。

33　ただし、ＡＩは人間と異なり学習結果を完全に共有できる（可能性がある）ので、多数の「身体」によって並行して学習が行われれば学習速度は向上するのかもしれない。

34　第８章では、「間違い」という言葉が様々な意味で用いられていることに注意を喚起するためかぎ括弧付きで表記していたが、そのことについてはもう理解が得られたと思うので、この章からはかぎ括弧をつけずに表記することにした。

35　国土交通省が採用している自動運転レベルのレベル５（完全自動運転）を想定しているが、場合によってはレベル４（高速道路などの特定条件下における自動運転）も該当するかもしれない。

36　実際に運転するのではなく、シミュレーションデータによる学習を行うことも考えられるが、特定の状況のデータだけを大量に学習に用いれば、他の操作に悪影響をもたらすかもしれない。

37　誤った操作をした原因が特定できなければ、どこまで共通性があるＡＩを稼働停止させなくてはならないのかも判断が難しく、結果として影響がどこまでも拡大していくかもしれない。

38　新井、前掲書、１９８ページ

39　本書のこれまでの議論を踏まえれば、そもそも課題文の「意味」を理解すること自体が、人間にとっては特殊な努力を必要とすることも注意が必要だ。第2章では、「私の名前は佐藤裕です」という文が、何らかの問いを前提にしなければ理解不能であることを示したが、これは「アミラーゼという酵素はグルコースがつながってできたデンプンを分解するが、同じグルコースからできていても、形が違うセルロースは分解できない」という文においても基本的に同様である。何の前置きもなく、誰かがあなたにこの文章を語ったとしたら、一体何を言いたいのかと訝しむだろう。しかし、これが「アミラーゼはセルロースを分解できるのか」という問いに対する答えであったり、その問いが暗黙のうちに想定できる状況であったりすれば、この文の意味は（大筋においては）確実に理解できるはずだ。しかし、何の脈絡も示さずに課題文を提示し、穴埋めという形式でその文に含まれる「情報」を問うという形式は、日常的な質問・応答の言語ゲームからかけ離れた非常に特殊なゲームであるため、十分な習熟がなければ正解を得ることは難しいだろう。

40　ＪＡＦニュース２０１７年10月24日「「信号機のない横断歩道」でクルマは依然として止まらない　一時停止率は８・５％」、http://www.jaf.or.jp/profile/news/file/2017_50.htm

41　私はこれらの能力に「ルールリテラシー」という名前をつけ、その概要を著書として発表している（佐藤、二〇一六）。

参考文献

新井紀子、二〇一〇、『コンピュータが仕事を奪う』、日本経済新聞出版社

新井紀子、二〇一八、『ＡＩ vs 教科書が読めない子どもたち』、東洋経済新報社

Barrat, James, 2013, *Our Final Invention: Artificial Intelligence and the End of the Human Era*, Thomas Dunne Books（水谷淳訳、『人工知能――人類最悪にして最後の発明』、ダイアモンド社、二〇一五）

Brandom, R. B., 2000, *Articulating Reasons: An Introduction to Inferentialism*, Harvard Univ. Press（斎藤浩文訳、『推論主義序説』、春秋社、二〇一六）

Crane,Tim, 1995, *THE MECHANICAL MIND*, Penguin Books（土屋賢二監訳、『心は機械で作れるか』、勁草書房、二〇〇一）

Irie, Yukio, 2017, *Semantic Inferentialism from the Perspective of Question and Answer*, Philosophia OSAKA No.12, 53-69

黒崎宏訳・解説、一九九七、『「哲学的探究」読解』、産業図書

Kurzweil, Ray, 2005, *The Singularity Is Near*, Viking Press（井上健他訳、『ポスト・ヒューマン誕生――コンピュータが人類の知性を超えるとき』、ＮＨＫ出版、二〇〇七）

Kripke, S. A, 1982, *Wittgenstein on Rules and Private Language*, Harvard University Press（黒崎宏訳、『ウィトゲンシュタインのパラドックス』、産業図書、一九八三）

松尾豊、二〇一五、『人工知能は人間を超えるか―ディープラーニングの先にあるもの』、KADOKAWA／中経出版

岡本裕一朗、二〇一二、『ネオプラグマティズムとは何か――ポスト分析哲学の新展開』、ナカニシヤ出版

佐藤裕、二〇一三、「言語ゲームと志向性――社会学的観点から」、富山大学人文学部紀要59号、1-33

佐藤裕、二〇一六、『ルールリテラシー――共働のための技術』、新曜社

Searle,John R., 1980, Minds, brains, and programs. *Behavioral and Brain Sciences* 3 (3): 417-457

Searle,John R., 1983, *Intentionality: An essay in the philosophy of mind*, Cambridge University Press（坂本百大監訳『志向性――心の哲学』、誠信書房、一九九七）

著者略歴

佐藤　裕（さとう・ゆたか）

1961 年大阪府生まれ。

1991 年大阪大学大学院人間科学研究科単位取得退学。

現在、富山大学人文学部教授（社会学）。

【主要著作】

『差別論——偏見理論批判』明石書店、2005 年、2018 年（新版）

『ルールリテラシー——共働のための技術』新曜社、2016 年

「言語ゲームと志向性——社会学的観点から」富山大学人文学部紀要 59 号、2013 年

リベラ・シリーズ12

人工知能の社会学（じんこうちのうのしゃかいがく）

—AI の時代に人間らしさを考える—

発　行　——2019年９月20日　第１刷発行

——定価はカバーに表示

© 著　者 —佐藤　裕

発行者 —小林達也

発行所 —ハーベスト社

〒188-0013　東京都西東京市向台町 2-11-5

電話　042-467-6441

振替 00170-6-68127

http://www.harvest-sha.co.jp

印刷・製本　㈱日本ハイコム

落丁・乱丁本はお取りかえいたします。

Printed in Japan

ISBN978-4-86339-109-3　C1036

リベラ・シリーズの刊行に際して

モダン社会がさまざまなゆらぎに直面するなか、社会理論の流派もその台頭・衰退の傾向が著しいものとなってきた。このようななか、小社が「リベラ・シリーズ」を刊行する意図は次のようなものである。

なによりも、社会理論の第一線の研究者が抱く問題意識と研究成果を、読者に共有していただきたいということである。そのために、テーマは限定的なものであったり、特殊なものであったり、馴染みのなかったものであるかもしれない。コンパクトな体裁をとったのも、全体の見通しをよくし、内容を凝縮するためである。表現も、水準を落とさないかぎり平明さをこころがけている。

もとより科学は研究者個人の営為である。とりわけ社会科学はその傾向が強く、文体にさえ研究者の個性が発揮される。「リベラ・シリーズ」では、自由学芸精神のもと、研究者の個性が発揮されることも願っている。

このシリーズの成果が蓄積され、学界のひいては人類の知的財産になるものと小社は確信している。